高等院校
经济管理类
主干课程教材

主编●余 毅　副主编●张 梅

ACCOUNTING SIMULATED TRAINING

会计模拟实训

[第二版]

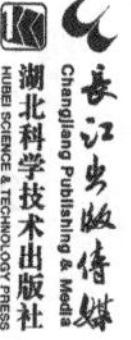

MAIN TEACHING MATERIAL

图书在版编目（CIP）数据

会计模拟实训 /余毅主编. –2 版. –武汉：湖北科学技术出版社，2020.8（2022.6 重印）

ISBN 978-7-5706-0373-2

Ⅰ. ①会… Ⅱ. ①余… Ⅲ. ①会计学 Ⅳ. ①F230

中国版本图书馆 CIP 数据核字(2020)第 149852 号

会计模拟实训
KUAIJI MONI SHIXUN

责任编辑：谭学军 邓子林 封面设计：喻杨

出版发行：湖北科学技术出版社 电话：027-87679468
地 址：武汉市雄楚大街 268 号 邮编：430070
（湖北出版文化城 B 座 13-14 层）
网 址：http://www.hbstp.com.cn

印 刷：武汉邮科印务有限公司 邮编：430205

787×1092 1/16 12.5 印张 7 插页 280 千字
2020 年 8 月第 2 版 2022 年 6 月第 3 次印刷
定价：40.00 元

前　言

《会计模拟实训》教材主要阐述会计实务操作的基础知识，包括建账、原始凭证的填制和审核、记账凭证的填制和审核、登记账簿、结账与对账及会计报表等会计操作方法。本教材在编写上充分考虑会计教学工作，在教学内容的设计上，既考虑会计理论教学安排，又考虑会计实际操作工作。

本教材主要包括六个部分：第一部分实训概述；第二部分典型业务流程；第三部分实训操作规范；第四部分模拟实训企业概况；第五部分模拟实训资料；第六部分原始凭证及其他资料。教材中先介绍会计基础知识及相关的操作，后介绍实务操作的技能，为进行会计综合模拟操作打下基础。选择生产流程典型的工业企业作为模拟企业，覆盖筹资、投资、采购、加工、销售、固定资产、无形资产、期间费用、利润及利润分配等业务，将企业中的出纳、资金核算、材料核算、往来核算、销售核算、成本核算、职工薪酬核算和总账报表等岗位经常发生的典型业务涵盖其中。按照会计核算的程序，由学生在教师的指导下借助仿真性较强的原始凭证、记账凭证、会计账簿和会计报表，对经济业务和会计部门各岗位的工作进行一次全面、系统的操作和演练。整套业务系统全面，其知识点涵盖基础会计、财务会计、成本会计、经济法、税法等课程中的重点内容，适合毕业实习前的最后一个学期使用，真正实现会计综合实训的目的。

本教材由武昌首义学院多年从事会计模拟实训教学的双师型优秀教师编写，余毅同志任主编，张梅同志任副主编。主编制订编写计划、确定教材体系与结构、拟定编写大纲，副主编参与原始凭证的制作工作。具体编写分工如下：余毅同志编写第一部分、第二部分、第三部分、第四部分、第五部分，参与第六部分原始凭证的制作工作，执笔字数 28 万字；张梅同志主要负责第六部分原始凭证制作。

本教材在编写过程中，得到了有关领导和同行的大力支持和帮助，同时也得到了湖北科学技术出版社的大力支持，在此表示衷心的感谢。由于作者的水平有限，书中难免存在疏漏和不足之处，敬请批评指正。

编　者

2020 年 5 月

目　　录

第一部分　实训概述

一、实训目的

会计模拟实训作为会计、财务管理专业的一门重要实践课程，是开设在主要专业课程后、校外实习前的集中性实践教学环节。会计模拟实训的教学内容比较丰富，借助实训资料，学生需要完成总账与明细账的建立、原始凭证的填制与审核、记账凭证的编制与汇总、总账和明细账的登记与核对、产品成本的计算与结转、会计报表的编制与分析、会计资料的保管与归档等实训任务。通过会计模拟教学，学生们可以全面地、系统地、熟练地掌握企业主要经济业务的会计处理程序和方法，在实践中加强专业基本理论知识、基本技能、基本方法的理解和运用，从而有利于学生体验会计工作、培养职业意识、提高职业素质和工作能力，为毕业后尽快适应工作打下良好的基础。

二、实训程序

（一）熟悉企业的基本情况

首先，了解实训企业的基本信息，包括企业名称、注册资金、经营范围、开户银行、账户、税务登记号等；其次，认识企业的组织结构、会计机构的组成和人员分工、企业生产工艺流程；最后，掌握企业会计政策。

（二）建账

根据本书第五部分的期初建账资料模拟企业 12 月初的总账、日记账和明细账，并登记期初余额。

（1）业务涉及的所有科目均设总账。

（2）库存现金、银行存款设日记账。

（3）材料采购、原材料、库存商品、周转材料等设数量金额式明细账。

（4）应交税费——应交增值税、生产成本、制造费用、管理费用等设多栏式明细账。

（5）除上述账簿以外，其余设置借、贷、余三栏式明细账。

（三）填制原始凭证

从填制和审核原始凭证开始，进入企业日常的会计业务处理程序。要求根据第五部分关于模拟企业某年 12 月的有关经济业务，填制原始凭证。同时，对外来或自制的原始凭证或原始凭证汇总表进行合法性、合规性、合理性审核。

（四）填制记账凭证

根据原始凭证或原始凭证汇总表，分类编制记账凭证，包括收款凭证、付款凭证和转账凭证，然后在记账凭证的“制单”处签名或盖章，并将相关的原始凭证附于记账凭证之后。

各类记账凭证应分别按顺序编号：

现金收款凭证	现收1、现收2、现收3……
现金付款凭证	现付1、现付2、现付3……
银行存款收款凭证	银收1、银收2、银收3……
银行存款付款凭证	银付1、银付2、银付3……
其他货币资金收款凭证	币收1、币收2、币收3……
其他货币资金付款凭证	币付1、币付2、币付3……
转账凭证	转1、转2、转3……

（五）登记账簿

（1）出纳根据审核后的收款凭证、付款凭证及所附的原始凭证逐日逐笔按规定序时登记现金日记账、银行存款日记账，并逐日结出库存现金余额、银行存款余额，做到日清月结。登记日记账完成后，在记账凭证的“出纳”处签名或盖章。

（2）相关会计人员根据审核后的记账凭证及所附原始凭证或原始凭证汇总表，陆续逐笔登记有关明细账。完成登账工作后，在记账凭证的记账符号栏内打“√”，并且在“记账”处签名或盖章。

（3）模拟企业采用科目汇总表账务处理程序。总账会计根据收款凭证、付款凭证、转账凭证，按照相同的会计科目归类，每10天汇总每一个会计科目的借方发生额和贷方发生额，编制科目汇总表，对发生额进行试算平衡，并根据科目汇总表登记总分类账。

（六）对账和结账

月末分别对总账、明细账和日记账进行核对，检查是否相符，并结算出各类账户的本期发生额及期末余额。

（七）编制会计报表

根据本月核对无误的账簿记录以及本书第五部分提供的期初资料，编制资产负债表和利润表。根据所编制的会计报表、账簿以及其他相关资料所提供的信息，进行财务比率分析、不同时期分析、不同行业分析，撰写实训报告。

（八）会计档案的装订和保管

将收款凭证、付款凭证、转账凭证连同所附的原始凭证分别按编号排列，折叠整齐，加具封面，装订成册，注明单位名称、年度、月份和起讫日期，并由装订人签名或盖章。将日记账、明细账、总账分别加具封面，装订成册，并附上账簿启用登记表。将全部会计报表归集，并注明单位名称、年度、月份。

三、实训要求

（一）对指导教师的要求

（1）根据教学计划的安排和课程的要求拟定实训时间安排，按照会计模拟的要求准备实训材料。会计模拟实训可集中2～3周进行，也可以分散安排100学时。

（2）实训过程中，发放实训用品，说明实训要求与考核办法；介绍实训企业基本情况与实训基本要求；指导学生建立总账和各种明细账，编制原始凭证、记账凭证和科目汇总表，登记总账和各种明细账以及编制财务报表。

（3）严格要求学生独立完成任务，以达到教学的基本要求。坚持因材施教的原则，在指导方法上应立足于启发引导，充分发挥学生的主动性和创造性。个别辅导和集中讲解相结合，在指导过程中教师应做好学生考勤、答疑、辅导、进度控制、质量检查等工作。

（4）实训结束后，指导教师要认真审查学生的全部实训资料，应根据学生完成实训情况、质量及学生在实训期间的表现等评分，并做出实训总结。

（二）对学生的要求

（1）由每位学生分别独立完成实训阶段所有任务。

（2）明确学习目的，端正学习态度，提高对会计模拟实训重要性的认识，以积极认真的态度参加会计实训，按要求完成规定的任务。

（3）文字和数字要书写工整、清晰，一律用蓝黑墨水笔书写。规定用红字时，方可用红笔书写。如出现填写错误，要按照规定的方法进行更正。

（4）实训尾声，每位同学需撰写一份实训报告，主要总结实训的基本情况、在操作中的体会，并针对实训中遇到的问题提出改进建议。

四、实训进度

（一）准备阶段（4学时）

（1）指导老师讲述实训的目的和意义，使学生对实训有一个正确的认识和积极的态度。

（2）讲解实训的程序和要求，使学生明确实训工作内容。

（3）说明实训的时间安排和成绩考核办法，给学生发放实训所需的工具、凭证、账页、报表等材料，让学生做好准备。

（4）指导学生学习会计模拟企业的概况和模拟企业的相关会计政策。

（二）操作阶段（92学时）

每位同学在老师指导下，独立完成实训任务，完整模拟企业在12月份的会计凭证、账簿和财务报表。

（三）整理阶段（4学时）

粘贴原始凭证，将凭证、账簿、报表、报告进行整理，并按要求装订成册，交指导老师评分。

五、实训考核

实训结束后，指导老师应该根据学生的实训成果和平时表现给出实训成绩，其中实训成果占课程总成绩的60%，平时成绩占40%。

实训成果满分100分，其中建账10分、填制凭证30分、登记账簿30分、编制报表20分、资料整理和装订10分。

漏填凭证或凭证填制错误、漏设漏登账户或账户登记错误，按错误数量占总实训任务比例扣分；建账、凭证填制、登账、结账不规范，酌情扣分；报表数据错误、报表编制不规范，按比例扣分；会计书写不规范、字迹不清晰、资料装订不工整，酌情扣分。

根据考核成绩，将学生的成绩定为优（90～100分）、良（80～89分）、中（70～79分）、

及格（60 ～ 69 分）和不及格（60 分以下）五个等级。

六、实训材料

会计模拟实训所需材料如表 1-1 所示。

表 1-1　会计模拟实训所需材料一览表

名　　称	单位	数量
收款凭证	张	20
付款凭证	张	40
转账凭证	张	120
现金日记账账页	张	2
银行存款日记账账页	张	4
三栏式账页	张	120
数量金额式账页	张	20
多栏式（8 栏）生产成本明细账账页	张	10
多栏式（14 栏）制造费用、管理费用明细账账页	张	20
多栏式应交增值税明细账账页	张	5
账簿启用及交接表	张	3
记账凭证封面及封底	套	3
账簿夹	副	2
固体胶	个	1
小刀	把	1
直尺	支	1
回形针	盒	1

第二部分　典型业务流程

一、银行开户业务

（一）基本存款账户

基本存款账户是指存款人因办理日常转账结算和现金收付需要而开立的银行结算账户，是存款人的主账户。存款人的工资、奖金和现金的支取，只能通过本账户办理。一个单位只能选择一家银行的一个营业机构开立一个基本存款账户，不得同时开立多个基本存款账户。

1. 开设基本存款账户的条件

根据《银行账户管理办法》的规定，下列存款人可以申请开立基本存款账户：① 企业法人；② 非法人企业；③ 机关、事业单位；④ 团级（含）以上军队、武警部队及分散执勤的支（分）队；⑤ 社会团体；⑥ 民办非企业组织；⑦ 异地常设机构；⑧ 外国驻华机构；⑨ 个体工商户；⑩ 居民委员会、村民委员会、社区委员会；⑪ 单位设立的独立核算的附属机构；⑫ 其他组织。

2. 开设基本存款账户所需的文件

存款人申请开立基本存款账户，应向银行出具下列证明文件：

（1）企业法人，应出具企业法人营业执照正本。

（2）非法人企业，应出具企业营业执照正本。

（3）机关和实行预算管理的事业单位，应出具政府人事部门或编制委员会的批文或登记证书和财政部门同意其开户的证明；非预算管理的事业单位，应出具政府人事部门或编制委员会的批文或登记证书。

（4）军队、武警团级（含）以上单位以及分散执勤的支（分）队，应出具军队军级以上单位财务部门、武警总队财务部门的开户证明。

（5）社会团体，应出具社会团体登记证书，宗教组织还应出具宗教事务管理部门的批文或证明。

（6）民办非企业组织，应出具民办非企业登记证书。

（7）外地常设机构，应出具其驻在地政府主管部门的批文。

（8）外国驻华机构，应出具国家有关主管部门的批文或证明；外资企业驻华代表处、办事处应出具国家登记机关颁发的登记证。

（9）个体工商户，应出具个体工商户营业执照正本。

（10）居民委员会、村民委员会、社区委员会，应出具其主管部门的批文或证明。

（11）独立核算的附属机构，应出具其主管部门的基本存款账户开户登记证和批文。

（12）其他组织，应出具政府主管部门的批文或证明。

其中，存款人为从事生产、经营活动纳税人的，还应出具税务部门颁发的税务登记证。

3. 开设基本存款账户的程序

存款人申请开立银行结算账户时，应填制开户申请书，提供规定的证明文件；银行应对存款人的开户申请书的事项和证明文件的真实性、完整性、合规性进行认真审查，并将审查后的存款人提交的上述文件和审核意见等开户资料报送中国人民银行当地分支行，经其核准后办理开户手续。中国人民银行应于两个工作日内对银行报送的基本存款账户开户资料的合规性以及唯一性进行审核，符合开户条件的，予以核准；不符合开户条件的，应在开户申请书上签署意见，连同有关证明文件一并退回报送银行。

（二）一般存款账户

一般存款账户是存款人因借款或其他结算需要，在基本存款账户开户银行以外的银行营业机构开立的银行结算账户。

1. 开设一般存款账户的条件

根据《银行账户管理办法》的规定，有借款或其他结算需要的单位或组织、开立了基本存款账户的存款人都可以开立一般存款账户。

2. 开设一般存款账户所需的文件

存款人申请开立一般存款账户，应向银行出具其开立基本存款账户规定的证明文件、基本存款账户开户登记证和下列证明文件：

（1）存款人因向银行借款需要，应出具借款合同。

（2）存款人因其他结算需要，应出具有关证明。

3. 开设一般存款账户的程序

存款人申请开立一般存款账户时，应填制开户申请书，提供规定的证明文件；银行应对存款人的开户申请书填写的事项和证明文件的真实性、完整性、合规性进行认真审查，符合一般存款账户条件的，银行应办理开户手续，同时应在其基本存款账户开户登记证上登记账户名称、账号、账户性质、开户银行、开户日期并签章，于开户之日起5个工作日内向中国人民银行当地分支行备案；自开立一般存款账户之日起3个工作日内书面通知其基本存款账户开户银行。

开立一般存款账户，实行备案制，无须中国人民银行核准。

（三）专用存款账户

专用存款账户是存款人按照法律、行政法规和规章，对其特定用途资金进行专项管理和使用而开立的银行结算账户。

1. 开设专用存款账户的条件

根据《银行账户管理办法》的规定，对下列资金的管理和使用，存款人可申请开立专用存款账户：① 基本建设资金；② 更新改造资金；③ 财政预算外资金；④ 粮、棉、油收购资金；⑤ 证券交易结算资金；⑥ 期货交易保证金；⑦ 信托基金；⑧ 金融机构存放同业资金；⑨ 政策性房地产开发资金；⑩ 单位银行卡备用金；⑪ 住房基金；⑫ 社会保障基金；⑬ 收入汇缴资金和业务支出资金；⑭ 党、团、工会设在单位的组织机构经费；⑮ 其他需要专项管理和使用的资金。

2. 开设专用存款账户所需的文件

存款人申请开立专用存款账户，应向银行出具其开立基本存款账户规定的证明文件、基本存款账户开户登记证和下列证明文件：

（1）基本建设资金、更新改造资金、政策性房地产开发资金、住房基金、社会保障基金，应出具主管部门批文。

（2）财政预算外资金，应出具财政部门的证明。

（3）粮、棉、油收购资金，应出具主管部门批文。

（4）单位银行卡备用金，应按照中国人民银行批准的银行卡章程的规定出具有关证明和资料。

（5）证券交易结算资金，应出具证券公司或证券管理部门的证明。

（6）期货交易保证金，应出具期货公司或期货管理部门的证明。

（7）金融机构存放同业资金，应出具其证明。

（8）收入汇缴资金和业务支出资金，应出具基本存款账户存款人有关的证明。

（9）党、团、工会设在单位的组织机构经费，应出具该单位或有关部门的批文或证明。

（10）其他按规定需要专项管理和使用的资金，应出具有关法规、规章或政府部门的有关文件。

3. 开设专用存款账户的程序

存款人申请开立专用存款账户时，应填制开户申请书，提供规定的证明文件；银行应对存款人的开户申请书填写的事项和证明文件的真实性、完整性、合规性进行认真审查；如果专用存款账户属于预算单位专用存款账户的，银行应将存款人的开户申请书、相关的证明文件和银行审核意见等开户资料报送中国人民银行当地分支行，经其对申报资料进行合规性审查，并核准后办理开户手续，该核准程序与基本存款账户的核准程序相同；如果属于预算单位专用存款账户之外的其他专用存款账户，银行应办理开户手续，并于开户之日起5个工作日内向中国人民银行当地分支行备案。

银行在办理专用存款账户开户手续时，同时应在其基本存款账户开户登记证上登记账户名称、账号、账户性质、开户银行、开户日期，并签章，自开立专用存款账户之日起3个工作日内书面通知基本存款账户开户银行。

（四）临时存款账户

临时存款账户是存款人因临时需要并在规定期限内使用而开立的银行结算账户。

1. 开设临时存款账户的条件

根据《银行账户管理办法》的规定，下列情况，存款人可以申请开立临时存款账户：①设立临时机构；②异地临时经营活动；③注册验资。

2. 开设临时存款账户所需的文件

存款人申请开立临时存款账户，应向银行出具下列证明文件：

（1）临时机构，应出具其驻在地主管部门同意设立临时机构的批文。

（2）异地建筑施工及安装单位，应出具其营业执照正本或其隶属单位的营业执照正本，以及施工及安装地建设主管部门核发的许可证或建筑施工及安装合同。

（3）异地从事临时经营活动的单位，应出具其营业执照正本以及临时经营地工商行政管理部门的批文。

（4）注册验资资金，应出具工商行政管理部门核发的企业名称预先核准通知书或有关部门的批文。

其中，第（2）、（3）项还应出具其基本存款账户开户登记证。

3. 开设临时存款账户的程序

存款人申请开立临时存款账户时，应填制开户申请书，提供规定的证明文件；银行应对存款人的开户申请书填写的事项和证明文件的真实性、完整性、合规性进行认真审查；银行应将存款人的开户申请书、相关的证明文件和银行审核意见等开户资料报送中国人民银行当地分支行，经对申报资料进行合规性审查，并核准后办理开户手续。该核准程序与基本存款账户的核准程序相同。

银行在办理临时存款账户开户手续时，同时应在其基本存款账户开户许可证上登记账户名

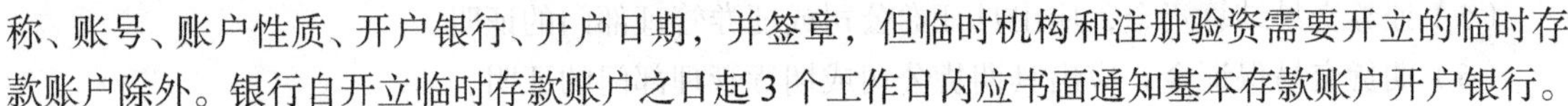

称、账号、账户性质、开户银行、开户日期，并签章，但临时机构和注册验资需要开立的临时存款账户除外。银行自开立临时存款账户之日起3个工作日内应书面通知基本存款账户开户银行。

二、银行结算业务

（一）支票结算流程

1. 现金支票(图2-1,图2-2)

用现金支票提取现金时，应由出纳人员签发现金支票，并加盖银行预留印鉴后，到开户银行提取现金。

用现金支票向企业或个人支付现金时，应由付款单位出纳人员签发现金支票，并加盖银行预留印鉴和注明收款人后交收款人，由收款人持现金支票到付款单位开户银行提取现金，并按照银行的要求交验有关证件。

收款人持现金支票到出票人开户行提示付款时，应在现金支票背面"收款人签章"处签章。持票人为个人的，还需交验本人身份证件，并在现金支票背面注明证件名称、号码及发证机关。

中国工商银行现金支票存根

支票号码：

附加信息 ______

出票日期：　年　月　日

收款人：
金额：
用途：

单位主管：　　会计：

本支票付款期限十天

中国工商银行 现金支票（鄂） $\frac{BH}{02}$ ××××××××

出票日期（大写）　　年　　月　　日　　付款行名称：

收款人：　　出票人账号：

人民币（大写）	亿	千	百	十	万	千	百	十	元	角	分

用途 ______

上列款项请从
我账户内支付

出票人签章　　　　复核　　　　记账

图2-1 现金支票正面

附加信息

收款人签章：

年　月　日

（粘贴单处）

身份证件名称：　　发证机关：

号码：

图2-2 现金支票背面

2. 转账支票

1）支票正送

支票正送流程见图 2-3。

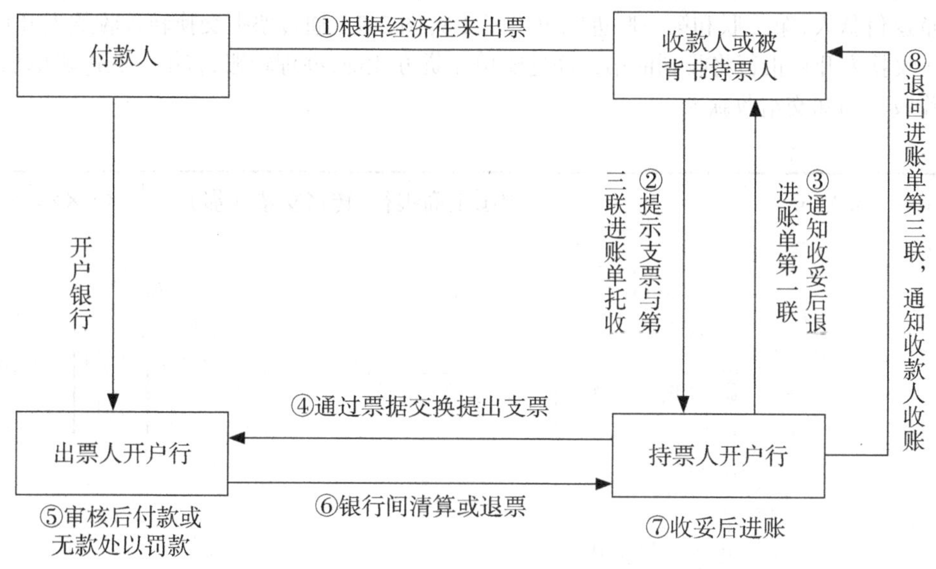

图 2-3　支票正送结算程序图

（1）付款人向收款人开出转账支票，在支票上加盖银行预留印鉴，支票存根留存，支票正联交付收款人。

（2）收款人在转账支票背书人签章栏签章，记载“委托收款”字样、背书日期，在被背书栏记载开户银行名称，并填制一式三联银行进账单，将支票和进账单送交开户银行。银行进账单第一联是开户银行交给持票人的回单联；第二联是收入凭证，由收款人开户银行作收入传票；第三联由收款人开户银行送交收款人作收款通知。

（3）收款人开户银行审核受理后，将第一联进账单加盖业务公章退回收款人，第二联进账单加盖“转讫”章作贷方凭证，将转账支票交送付款人开户银行办理转账。

（4）银行间清算完成后，收款人开户银行将第三联进账单加盖“转讫”章作收账通知退回收款人。

2）支票倒送

支票倒送流程见图 2-4。

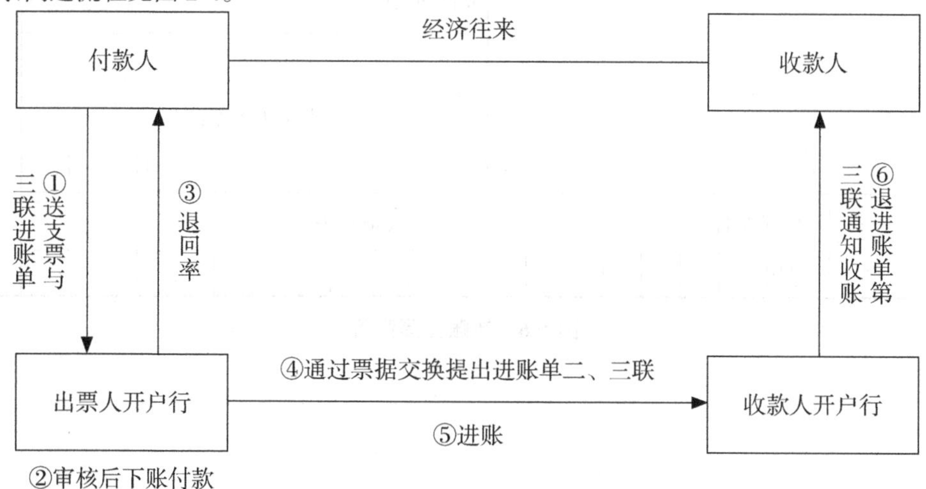

图 2-4　支票倒送结算程序图

（1）付款人向收款人开出转账支票（图 2-5，图 2-6），在支票上加盖银行预留印鉴，并填制一式三联银行进账单，留存支票存根，将支票正联和进账单送交开户银行提示付款。

（2）付款人开户银行审核受理后，将转账支票作借方凭证。将第一联进账单（图 2-7）加盖业务公章退付款人，第二联和第三联进账单（图 2-8，图 2-9）通过票据交换转入收款人开户银行。

（3）收款人开户银行将收到的第二联进账单作贷方凭证，办理转账，将第三联进账单加盖“转讫”章作收账通知交给收款人。

中国工商银行转账支票存根

支票号码：

附加信息

出票日期：　年　月　日

收款人：
金额：
用途：

单位主管：　会计：

本支票付款期限十天

中国工商银行 转账支票（鄂） BH/02 ×××××××

出票日期（大写）　年　月　日　付款行名称：

收款人：　出票人账号：

人民币（大写）	亿	千	百	十	万	千	百	十	元	角	分

用途

上列款项请从
我账户内支付

出票人签章　复核　记账

图 2-5　转账支票正面

附加信息：	被背书人： 背书人签章： 年　月　日
身份证件名称：	发证机关：
号码：	

（粘贴单处）

图 2-6　转账支票背面

中国工商银行进账单（回单）1

年　　月　　日

<table>
<tr><td rowspan="3">付款人</td><td>全　称</td><td></td><td rowspan="3">收款人</td><td>全　称</td><td colspan="11"></td></tr>
<tr><td>账　号</td><td></td><td>账　号</td><td colspan="11"></td></tr>
<tr><td>开户银行</td><td></td><td>开户银行</td><td colspan="11"></td></tr>
<tr><td rowspan="2">金额</td><td rowspan="2">人民币
（大写）</td><td colspan="3" rowspan="2"></td><td>亿</td><td>千</td><td>百</td><td>十</td><td>万</td><td>千</td><td>百</td><td>十</td><td>元</td><td>角</td><td>分</td></tr>
<tr><td></td><td></td><td></td><td></td><td></td><td></td><td></td><td></td><td></td><td></td><td></td></tr>
<tr><td colspan="2">票据种类</td><td></td><td colspan="2">票据张数</td><td colspan="3"></td><td colspan="8" rowspan="3">收款人开户行盖章</td></tr>
<tr><td colspan="2">票据号码</td><td colspan="6"></td></tr>
<tr><td colspan="8">复核：　　　　记账：</td></tr>
</table>

此联是开户银行交给持（出）票人的回单

图2-7　银行进账单（第一联）

中国工商银行进账单（回单）2

年　　月　　日

<table>
<tr><td rowspan="3">付款人</td><td>全　称</td><td></td><td rowspan="3">收款人</td><td>全　称</td><td colspan="11"></td></tr>
<tr><td>账　号</td><td></td><td>账　号</td><td colspan="11"></td></tr>
<tr><td>开户银行</td><td></td><td>开户银行</td><td colspan="11"></td></tr>
<tr><td rowspan="2">金额</td><td rowspan="2">人民币
（大写）</td><td colspan="3" rowspan="2"></td><td>亿</td><td>千</td><td>百</td><td>十</td><td>万</td><td>千</td><td>百</td><td>十</td><td>元</td><td>角</td><td>分</td></tr>
<tr><td></td><td></td><td></td><td></td><td></td><td></td><td></td><td></td><td></td><td></td><td></td></tr>
<tr><td colspan="2">票据种类</td><td></td><td colspan="2">票据张数</td><td colspan="3"></td><td colspan="8" rowspan="3">收款人开户行盖章</td></tr>
<tr><td colspan="2">票据号码</td><td colspan="6"></td></tr>
<tr><td colspan="8">复核：　　　　记账：</td></tr>
</table>

此联由收款人开户银行作贷方凭证

图2-8　银行进账单（第二联）

中国工商银行进账单（回单）3

年　月　日

<table>
<tr><td rowspan="3">付款人</td><td>全　称</td><td></td><td rowspan="3">收款人</td><td>全　称</td><td colspan="11"></td></tr>
<tr><td>账　号</td><td></td><td>账　号</td><td colspan="11"></td></tr>
<tr><td>开户银行</td><td></td><td>开户银行</td><td colspan="11"></td></tr>
<tr><td rowspan="2">金额</td><td colspan="4" rowspan="2">人民币（大写）</td><td>亿</td><td>千</td><td>百</td><td>十</td><td>万</td><td>千</td><td>百</td><td>十</td><td>元</td><td>角</td><td>分</td></tr>
<tr><td></td><td></td><td></td><td></td><td></td><td></td><td></td><td></td><td></td><td></td><td></td></tr>
<tr><td colspan="2">票据种类</td><td></td><td>票据张数</td><td></td><td colspan="11" rowspan="3">收款人开户行盖章</td></tr>
<tr><td colspan="2">票据号码</td><td colspan="3"></td></tr>
<tr><td colspan="5">复核：　　记账：</td></tr>
</table>

此联是收款人开户银行交给收款人的收账通知

图2-9　银行进账单（第三联）

（二）银行汇票结算流程

银行汇票结算流程见图22-10

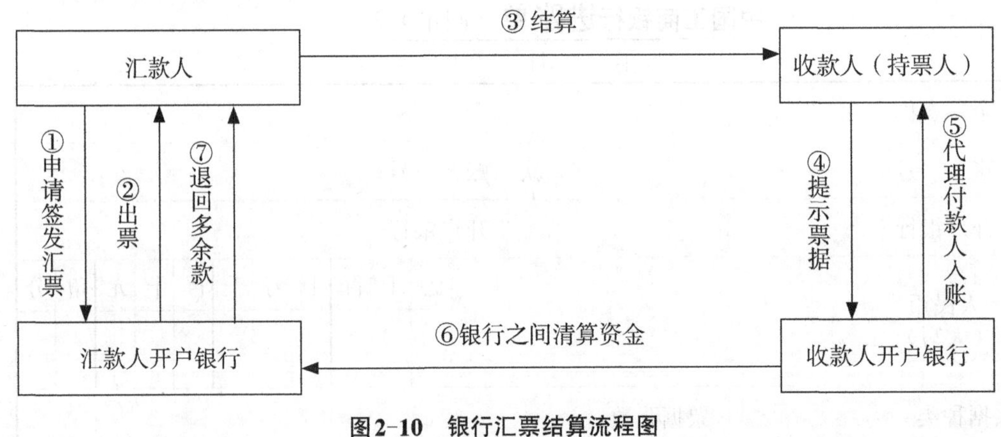

图2-10　银行汇票结算流程图

（1）汇款人申请汇票时需填制一式三联的银行汇票申请书，第一联是存根联（图2-11），由汇款人留存作记账传票；第二联是借方凭证联（图2-12），是签发行办理汇票的转出传票；第三联是贷方凭证联（图2-13），由签发行作汇出汇款收入传票。汇款人在第二联借方凭证联上加盖银行预留印鉴，向银行申请开出汇票。

（2）汇款人开户银行审核，在办妥转账或收妥现金之后，填制一式四联的银行汇票（图2-14 ~图2-18），并将第一、第四联专夹保管，将第二、第三联交给申请人。第一联卡片联，出票行在结清银行汇票时作“汇出汇款”科目借方凭证；第二联汇票联，代理付款行付款后作联行往来借方凭证附件；第三联解讫通知联，此联由付款行付款后附报单寄出票行，是出票行作多余款贷方凭证；第四联多余款收账通知联，由出票行结算汇款后交申请人。

（3）汇款人将汇票和解讫通知交给收款人，进行款项结算。

（4）收款人收到汇票后，按业务填写一式三联的银行进账单，一并交给开户行。

（5）收款人开户银行将盖章后的银行进账单第一联和第三联交收款人。

（6）银行之间清算资金，将银行汇票第三联解讫通知交汇款人开户银行。

（7）汇款人开户银行根据多余金额填写第四联多余款收账通知联，并交送汇款人。

________银行**汇票申请书**（存根）　　1

第　　号

申请日期　　年　　月　　日

申请人		收款人	
账　号 或住址		账　号 或住址	
用途		代　理 付款行	

汇票金额	人民币 （大写）	千	百	十	万	千	百	十	元	角	分

上列款项请从我账户内列支

申请人盖章

科　　目（借）________

对方科目（贷）________

财务主管　　　　复核　　　　经办

此联是出票人给汇款人的回单

图2-11　银行汇票申请书（第一联）

________银行**汇票申请书**（借方凭证）　　2

第　　号

申请日期　　年　　月　　日

申请人		收款人	
账　号 或住址		账　号 或住址	
用途		代　理 付款行	

汇票金额	人民币 （大写）	千	百	十	万	千	百	十	元	角	分

备注：

科　　目（借）________

对方科目（贷）________

财务主管　　　　复核　　　　经办

此联出票行作借方凭证

图2-12　银行汇票申请书（第二联）

______银行**汇票申请书**（贷方凭证） 3

第 号

申请日期 年 月 日

<table>
<tr><td>申请人</td><td></td><td>收款人</td><td colspan="10"></td></tr>
<tr><td>账 号
或住址</td><td></td><td>账 号
或住址</td><td colspan="10"></td></tr>
<tr><td>用途</td><td></td><td>代 理
付款行</td><td colspan="10"></td></tr>
<tr><td rowspan="2">汇票金额</td><td colspan="2" rowspan="2">人民币
（大写）</td><td>千</td><td>百</td><td>十</td><td>万</td><td>千</td><td>百</td><td>十</td><td>元</td><td>角</td><td>分</td></tr>
<tr><td></td><td></td><td></td><td></td><td></td><td></td><td></td><td></td><td></td><td></td></tr>
</table>

备注：

科 目（借）______

对方科目（贷）______

财务主管 复核 经办

此联出票行作汇出汇款贷方凭证

图2-13 银行汇票申请书（第三联）

付款期限
壹 个 月

______银行

银行汇票（卡片） 1 汇票号码

出票日期（大写） 年 月 日

代理付款行： 行号：

<table>
<tr><td colspan="3">收款人：</td><td colspan="10">账 号：</td></tr>
<tr><td>出票金额</td><td colspan="12">人民币
（大写）</td></tr>
<tr><td rowspan="2">实际结算金额</td><td colspan="2" rowspan="2">人民币
（大写）</td><td>千</td><td>百</td><td>十</td><td>万</td><td>千</td><td>百</td><td>十</td><td>元</td><td>角</td><td>分</td></tr>
<tr><td></td><td></td><td></td><td></td><td></td><td></td><td></td><td></td><td></td><td></td></tr>
</table>

申请人：______ 账号：______

出票行：______ 行号：______

备注：______

复核 记账

复核 经办

此联出票行结算汇票时作汇出汇款借方凭证

图2-14 银行汇票（第一联）

付款期限
壹 个 月

______银行

银行汇票　2

地名 BA/01　0000000

出票日期（大写）　年　月　日

代理付款行：　行号：

收款人：　账　号：

出票金额　人民币（大写）

实际结算金额　人民币（大写）

千	百	十	万	千	百	十	元	角	分

申请人：　账号：

出票行：　行号：

备注：

凭票付款

出票行签章

密押：

多余金额

千	百	十	万	千	百	十	元	角	分

复核　记账

此联代理付款行付款后作联行往来借方凭证附件

图2-15　银行汇票(第二联)正面

（第二联银行汇票背面）

被背书人	被背书人
背书人签章 年　月　日	背书人签章 年　月　日

（粘贴单处）

提示人向银行
提示付款签章：

身份证件名称：　发证机关：

号码：

图2-16　银行汇票(第二联)背面

付款期限 壹 个 月

______银行

银行汇票（解讫通知） 3

汇票号码

出票日期（大写） 年 月 日	代理付款行：	行号：									
收款人：	账 号：										
出票金额 人民币（大写）											
实际结算金额 人民币（大写）	千	百	十	万	千	百	十	元	角	分	

申请人：______ 账号或地址：______

出票行：______ 行号：______

备注：______

代理付款行盖章

复核 经办

密押：										复核 记账
多余金额										
千	百	十	万	千	百	十	元	角	分	

此联付款行付款后随报单寄出票行，由出票行作多余款贷方凭证

图2-17 银行汇票（第三联）

付款期限 壹 个 月

______银行

银行汇票（多余款收账通知） 4

汇票号码

出票日期（大写） 年 月 日	代理付款行：	行号：									
收款人：	账 号：										
出票金额 人民币（大写）											
实际结算金额 人民币（大写）	千	百	十	万	千	百	十	元	角	分	

申请人：______ 账号或地址：______

出票行：______ 行号：______

备注：______

出票行盖章

年 月 日

密押：										左列退回多余金额已收入你账户内
多余金额										
千	百	十	万	千	百	十	元	角	分	

此联出票行结清多余款后交申请人

图2-18 银行汇票（第四联）

（三）银行本票结算流程

银行本票结算流程见图 2-19。

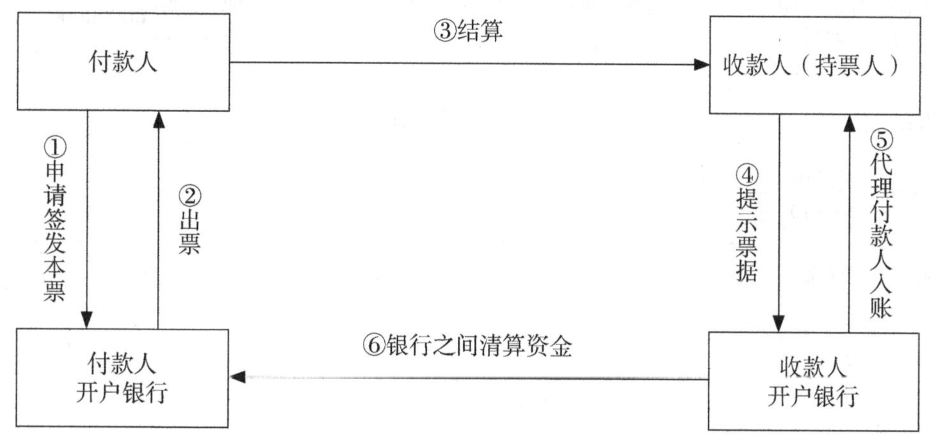

图 2-19 银行本票结算流程图

（1）付款人填制一式三联的银行本票申请书，详细写明收款单位名称等各项内容。如申请人是在签发银行开立账户的，应在银行本票申请书第二联上加盖银行预留印鉴。个体经济户和个人需要支取现金的，应在申请书上注明“现金”字样。

（2）签发银行受理银行本票申请书审查无误后，办理收款手续，签发一式两联的银行本票。第一联是卡片（图 2-20），出票行留存，结清本票时作借方凭证附件；第二联出票行结清本票时作借方凭证（图 2-21，图 2-22）。

（3）收款单位收到银行本票审核无误后，填写一式三联进账单，并在银行本票背面加盖银行预留印鉴，将本票连同进账单一并交送开户银行。

（4）收款人开户银行收到本票审查无误后，即办理兑付手续，在第三联进账单上加盖“解讫”章作收款通知退回收款单位。

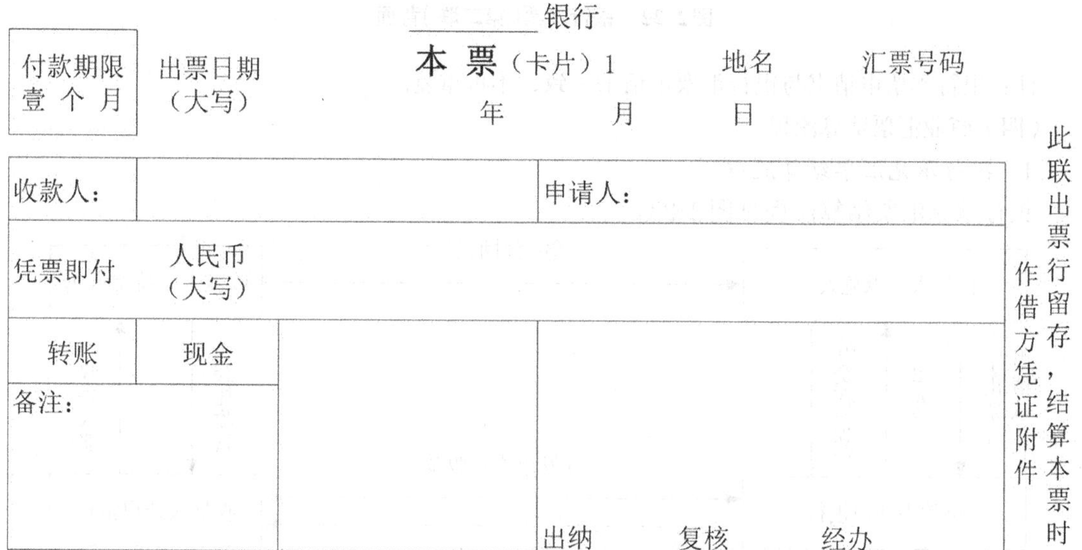

______银行

付款期限 壹 个 月　　出票日期（大写）　　**本 票**（卡片）1　　地名　　汇票号码

年　　月　　日

收款人：		申请人：
凭票即付	人民币（大写）	
转账	现金	
备注：		出纳　　复核　　经办

此联出票行留存，结算本票时作借方凭证附件

图 2-20 银行本票（第一联）

__________银行

本 票（卡片）2

付款期限 壹 个 月	出票日期 （大写）	年 月 日	地名	EB 03 00000000

收款人：		申请人：	
凭票即付	人民币 （大写）		
转账	现金		
备注：		出票行签章	出纳 复核 经办

此联出票行结清本票时作借方凭证

图2-21 银行本票(第二联)正面

被背书人：	被背书人：	（粘贴单处）
背书人签章： 年 月 日	背书人签章： 年 月 日	
持票人向银行提示付款签章	身份证件名称： 发证机关： 号码	

图2-22 银行本票(第二联)背面

注：银行本票申请书与银行汇票申请书一致，不再重复。

（四）商业汇票结算流程

1. 银行承兑汇票结算流程

银行承兑汇票结算流程见图2-23。

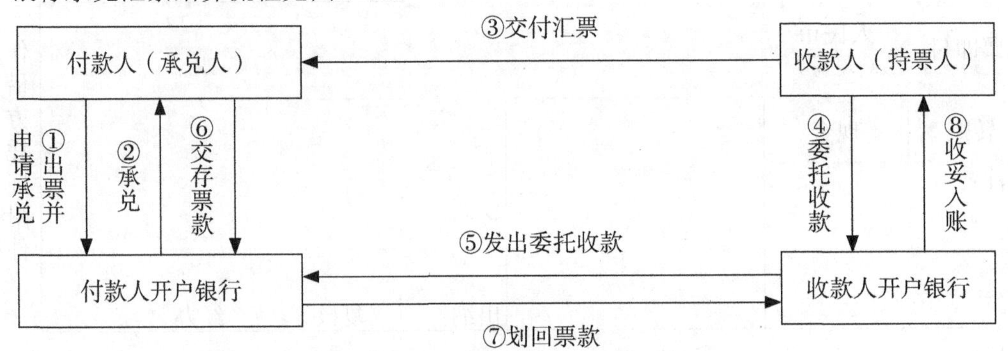

图2-23 银行承兑汇票结算流程图

（1）付款人按照合同规定签发一式三联的银行承兑汇票，第一联为卡片（图 2-24），由承兑银行留存备查，到期支付票款时作借方凭证附件；第二联（图 2-25，图 2-26）由收款人的开户银行随托收凭证寄给付款行作借方凭证附件；第三联为存根联（图 2-27），由出票人存查。付款单位出纳员在填制银行承兑汇票时，应在第一联和第二联的“汇票签发人盖章”处加盖银行预留印鉴及负责人和经办人印章。

（2）付款单位出纳员在填制银行承兑汇票后，应将汇票的有关内容与交易合同进行核对，核对无误后填制银行承兑协议（图 2-28），并在“承兑申请人”处盖单位公章。银行承兑协议一式三联，第一联由出票人留存，第二联和第三联分别由承兑银行信贷部门和会计部门存查。承兑银行留存银行承兑汇票第一联。

（3）付款人按照交易合同规定，向供货方购货，将经过银行承兑后的银行承兑汇票第二联交收款人，以便收款人到期收款或背书转让。付款人向银行办理承兑申请手续后，留存银行承兑汇票第三联备查。

（4）收款人填制一式三联银行进账单，并在银行承兑汇票第二联背面加盖银行预留印鉴，将汇票第二联和第三联进账单一并交送其开户银行，委托开户银行收款。

（5）收款人开户银行按照规定对银行承兑汇票进行审查，盖章并退回进账单第一联，将银行承兑汇票第二联送交付款人开户银行委托收款。

（6）按照银行承兑协议的规定，承兑申请人即付款人应于汇票到期前将票款足额交存其开户银行即承兑银行，以便承兑银行于汇票到期日将款项划拨给收款单位或贴现银行。付款单位财务部门应经常检查专项保管的银行承兑协议和应付票据备查簿，及时将应付票据足额交存银行。

（7）付款人开户银行收到持票人开户银行寄来的汇票，抽出专夹保管的汇票卡片和承兑协议副本，核对无误后，应于汇票到期日或到期日之后的见票当日，填制一联特种转账贷方凭证，加盖“转讫”章作付款通知交出票人。

（8）收款人开户银行将银行进账单第三联交收款单位作为收款通知，按规定办理汇票收款业务。

银行承兑汇票（卡片）　　1

签发日期（大写）　　年　　月　　日　　　　汇票号码

<table>
<tr><td colspan="2">出票人全称</td><td></td><td rowspan="3">收款人</td><td>全　称</td><td colspan="11"></td></tr>
<tr><td colspan="2">出票人账号</td><td></td><td>账　号</td><td colspan="11"></td></tr>
<tr><td colspan="2">付款行全称</td><td></td><td>开户行</td><td colspan="11"></td></tr>
<tr><td rowspan="2">出票金额</td><td colspan="4" rowspan="2">人民币（大写）</td><td>亿</td><td>千</td><td>百</td><td>十</td><td>万</td><td>千</td><td>百</td><td>十</td><td>元</td><td>角</td><td>分</td></tr>
<tr><td></td><td></td><td></td><td></td><td></td><td></td><td></td><td></td><td></td><td></td><td></td></tr>
<tr><td colspan="2">汇票到期日（大写）</td><td></td><td rowspan="2">付款行</td><td>行　号</td><td colspan="11"></td></tr>
<tr><td colspan="2">承兑协议编号</td><td></td><td>地　址</td><td colspan="11"></td></tr>
<tr><td colspan="3">本汇票请你行承兑，此项汇票款我单位按承兑协议于到期日前足额交于你行，到期请予以支付。
出票人签章
年　月　日</td><td colspan="2">备注：</td><td colspan="11">复核　　记账</td></tr>
</table>

此联承兑行留存备查到期支付票款时作借方凭证附件

图 2-24　银行承兑汇票（第一联）

银行承兑汇票 2

出票日期（大写） 年 月 日 汇票号码

出票人全称		收款人	全 称	
出票人账号			账 号	
付款行全称			开户行	
出票金额	人民币（大写）			亿 千 百 十 万 千 百 十 元 角 分
汇票到期日（大写）		付款行	行 号	
承兑协议编号			地 址	
本汇票请你行承兑，到期无条件付款。 出票人签章 年 月 日	本汇票已经承兑，到期日由本行付款。 承兑行签章 承兑日期 年 月 日 备注：			复核 记账

此联收款人开户行随托收凭证寄付款方作借方凭证附件

图2-25 银行承兑汇票（第二联）

（银行承兑汇票第二联背面）

被背书人：	被背书人：	被背书人：
背书人签章： 年 月 日	背书人签章： 年 月 日	背书人签章： 年 月 日

（粘单处）

图2-26 银行承兑汇票（第二联）背面

银行承兑汇票（存根） 3

签发日期（大写） 年 月 日 汇票号码

出票人全称		收款人	全 称	
出票人账号			账 号	
付款行全称			开户行	
出票金额	人民币（大写）			亿 千 百 十 万 千 百 十 元 角 分
汇票到期日（大写）		付款行	行 号	
承兑协议编号			地 址	
	备注：			复核 记账

此联出票人存查

图2-27 银行承兑汇票（第三联）

银行承兑协议

编号：

银行承兑汇票内容：

收款人全称	______	付款人全称	______
开户银行	______	开户银行	______
账　　号	______	账　　号	______
汇票号码	______	汇票金额（大写）	______
签发日期	____年____月____日	到期日期	____年____月____日

以上汇票经承兑银行承兑，承兑申请人（下称申请人）愿遵守《银行结算办法》的规定以及下列条款：

一、申请人于汇票到期日前将应付票款足额交存承兑银行。

二、承兑手续费按票面金额万分之（五）计算，在银行承兑时一次付清。

三、承兑汇票如发生任何交易纠纷，均由收付双方自行处理，票款于到期前仍按第一条办理。

四、承兑汇票到期日，承兑银行凭票无条件支付票款。如到期日之前申请人不能足额交付票款时，承兑银行对不足支付票款转作承兑申请逾期贷款，并按照有关规定计收罚息。

五、承兑汇票款付清后，本协议自动失效。

本协议第一、二联分别由承兑银行信贷部门和承兑申请人存执，协议副本由承兑银行会计部门存查。

承兑申请人签章：　　　　承兑银行签章：

订立承兑协议日期：　　　　年　　月　　日

图 2-28　银行承兑协议

银行承兑汇票的持票人在汇票到期日前，为了取得资金，可以通过贴现的方式，贴付一定利息将票据权利转让给银行，银行承兑汇票贴现流程图见图 2-29。贴现凭证见图 2-30 ~ 图 2-34。

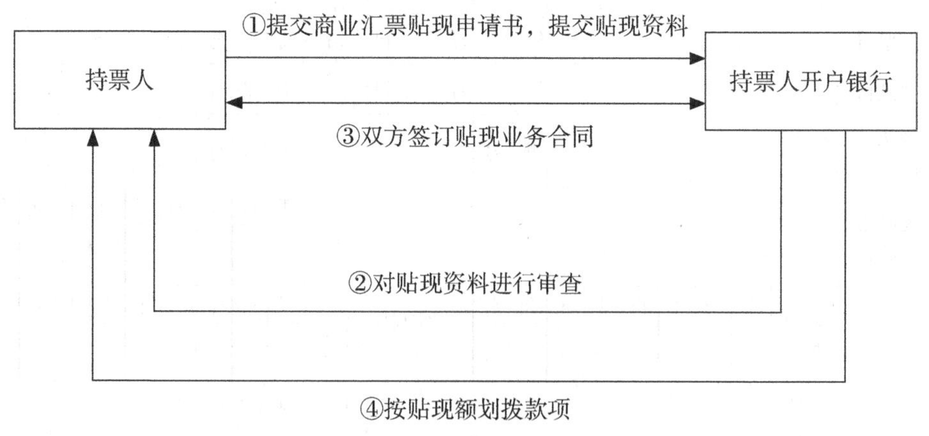

图 2-29　银行承兑汇票贴现流程图

贴现凭证（代申请书） 1

填写日期： 年 月 日 第 号

贴现汇票	种类		号码		申请人	名称	
	发票日	年 月 日				账号	
	票到日	年 月 日				开户银行	
汇票承兑人名称			账号			开户银行	
汇票金额	人民币（大写）					千 百 十 万 千 百 十 元 角 分	
贴现率每月	‰	贴现利息	十 万 千 百 十 元 角 分		实付贴现金额	千 百 十 万 千 百 十 元 角 分	
附送承兑汇票申请贴现，请审核。 持票人签章		银行审批	负责人 信贷员		科目（借） 对方科目（贷） 复核 记账		

此联银行作贴现借方凭证

图2-30 贴现凭证（第一联）

贴现凭证（贷方凭证） 2

填写日期： 年 月 日 第 号

贴现汇票	种类		号码		申请人	名称	
	发票日	年 月 日				账号	
	票到日	年 月 日				开户银行	
汇票承兑人名称			账号			开户银行	
汇票金额	人民币（大写）					千 百 十 万 千 百 十 元 角 分	
贴现率每月	‰	贴现利息	十 万 千 百 十 元 角 分		实付贴现金额	千 百 十 万 千 百 十 元 角 分	
					科目（借） 对方科目（贷） 复核 记账		

此联银行作持票人账户贷方凭证

图2-31 贴现凭证（第二联）

贴现凭证（贷方凭证）　　3

填写日期：　　年　　月　　日　　　　第　　号

<table>
<tr><td rowspan="3">贴现汇票</td><td>种　类</td><td colspan="8"></td><td>号 码</td><td colspan="2"></td><td rowspan="3">申请人</td><td>名　称</td><td colspan="10"></td></tr>
<tr><td>发票日</td><td colspan="11">年　月　日</td><td>账　号</td><td colspan="10"></td></tr>
<tr><td>票到日</td><td colspan="11">年　月　日</td><td>开户银行</td><td colspan="10"></td></tr>
<tr><td colspan="2">汇票承兑人名　称</td><td colspan="8"></td><td>账 号</td><td colspan="3"></td><td>开户银行</td><td colspan="10"></td></tr>
<tr><td rowspan="2">汇票金额</td><td rowspan="2" colspan="13">人民币（大写）</td><td rowspan="2"></td><td>千</td><td>百</td><td>十</td><td>万</td><td>千</td><td>百</td><td>十</td><td>元</td><td>角</td><td>分</td></tr>
<tr><td></td><td></td><td></td><td></td><td></td><td></td><td></td><td></td><td></td><td></td></tr>
<tr><td rowspan="2">贴现率每　月</td><td rowspan="2">‰</td><td rowspan="2">贴现利息</td><td>十</td><td>万</td><td>千</td><td>百</td><td>十</td><td>元</td><td>角</td><td>分</td><td rowspan="2" colspan="4">实付贴现金　额</td><td>千</td><td>百</td><td>十</td><td>万</td><td>千</td><td>百</td><td>十</td><td>元</td><td>角</td><td>分</td></tr>
<tr><td></td><td></td><td></td><td></td><td></td><td></td><td></td><td></td><td></td><td></td><td></td><td></td><td></td><td></td><td></td><td></td><td></td><td></td></tr>
<tr><td colspan="13"></td><td colspan="12">科　目（借）________
对方科目（贷）________
复核　　　　记账</td></tr>
</table>

此联银行作贴现利息贷方凭证

图2-32　贴现凭证（第三联）

贴现凭证（收账通知）　　4

填写日期：　　年　　月　　日　　　　第　　号

<table>
<tr><td rowspan="3">贴现汇票</td><td>种　类</td><td colspan="8"></td><td>号 码</td><td colspan="2"></td><td rowspan="3">申请人</td><td>名　称</td><td colspan="10"></td></tr>
<tr><td>发票日</td><td colspan="11">年　月　日</td><td>账　号</td><td colspan="10"></td></tr>
<tr><td>票到日</td><td colspan="11">年　月　日</td><td>开户银行</td><td colspan="10"></td></tr>
<tr><td colspan="2">汇票承兑人名　称</td><td colspan="8"></td><td>账 号</td><td colspan="3"></td><td>开户银行</td><td colspan="10"></td></tr>
<tr><td rowspan="2">汇票金额</td><td rowspan="2" colspan="13">人民币（大写）</td><td rowspan="2"></td><td>千</td><td>百</td><td>十</td><td>万</td><td>千</td><td>百</td><td>十</td><td>元</td><td>角</td><td>分</td></tr>
<tr><td></td><td></td><td></td><td></td><td></td><td></td><td></td><td></td><td></td><td></td></tr>
<tr><td rowspan="2">贴现率每　月</td><td rowspan="2">‰</td><td rowspan="2">贴现利息</td><td>十</td><td>万</td><td>千</td><td>百</td><td>十</td><td>元</td><td>角</td><td>分</td><td rowspan="2" colspan="4">实付贴现金　额</td><td>千</td><td>百</td><td>十</td><td>万</td><td>千</td><td>百</td><td>十</td><td>元</td><td>角</td><td>分</td></tr>
<tr><td></td><td></td><td></td><td></td><td></td><td></td><td></td><td></td><td></td><td></td><td></td><td></td><td></td><td></td><td></td><td></td><td></td><td></td></tr>
<tr><td colspan="13">贴现款项已入你单位账户。
银行盖章
年　月　日</td><td colspan="12">备注：</td></tr>
</table>

此联是银行给持票人的收账通知

图2-33　贴现凭证（第四联）

贴现凭证（到期卡） 5

填写日期： 年 月 日 第 号

贴现汇票	种类		号码		申请人	名称	
	发票日	年 月 日				账号	
	票到日	年 月 日				开户银行	
汇票承兑人名称			账号			开户银行	
汇票金额	人民币（大写）						千 百 十 万 千 百 十 元 角 分
贴现率每月	‰	贴现利息	十 万 千 百 十 元 角 分	实付贴现金额			千 百 十 万 千 百 十 元 角 分
						科目（借） 对方科目（贷） 复核 记账	

此联银行会计部门按到期日排列保管，到期日作贴现贷方凭证

图2-34 贴现凭证（第五联）

2. 商业承兑汇票结算流程

商业承兑汇票结算流程见图2-35。

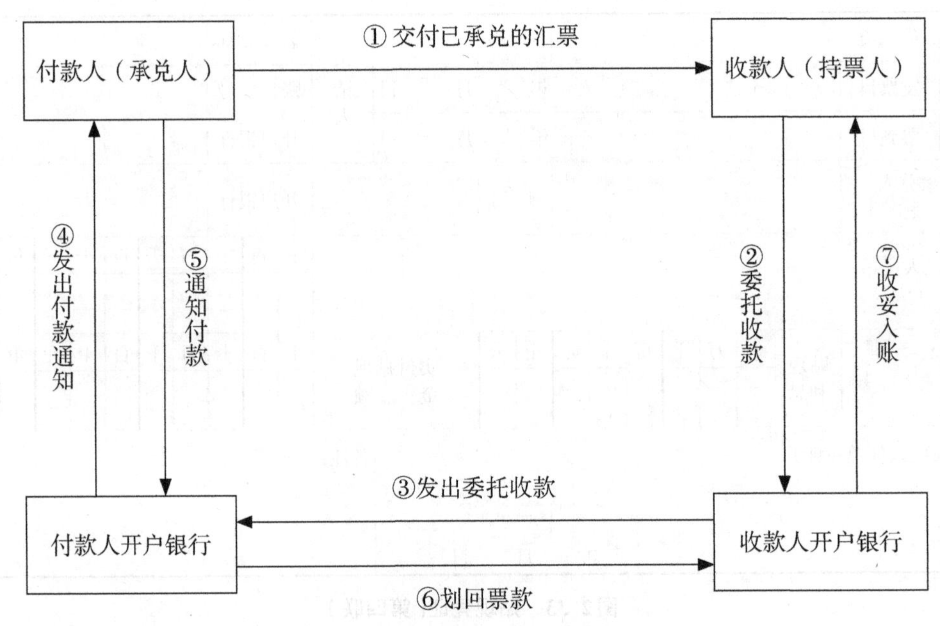

图2-35 商业承兑汇票结算流程图

（1）商业承兑汇票根据双方协议，可以由付款人签发，也可以由收款人签发。商业承兑汇票一式三联，第一联为卡片（图 2-36），由承兑人即付款人留存备查；第二联由收款人的开户银行随结算凭证寄付款人开户银行作付出传票附件（图 2-37）；第三联为存根联（图 2-38），由出票人存查。商业承兑汇票由付款单位承兑。付款单位承兑时，无须填写承兑协议，也不通过银行办理，只需在商业承兑汇票的第二联正面“本汇票已承兑，到期无条件支付票款”栏加盖银行预留印鉴后，交付收款人。由收款人签发的商业承兑汇票，应先交付款单位承兑，再交收款单位专夹保管。

（2）收款人应在汇票到期前，提前委托银行收款。委托银行收款时，应填写一式五联的托收凭证，在“托收凭证名称”栏内注明“商业承兑汇票”字样及汇票号码，在商业承兑汇票第二联背面加盖收款单位公章后，一并送交开户银行。

（3）收款人开户银行审查后办理收款手续，并将盖章后的托收凭证第一联退回收款单位保存。银行将托收凭证第二联留存，同时将托收凭证第三、第四、第五联及商业承兑汇票第二联传送到付款人开户银行。

（4）付款人开户银行经审查后，留存托收凭证的第三联及商业承兑汇票第二联，将托收凭证第四、第五联交付款人，发出付款通知。

（5）付款人收到银行转来的托收凭证后，应与留存的商业承兑汇票相核对。经审核后在票据到期日前，将托收凭证第四联签章后退回开户银行，通知付款。

（6）银行将付款人款项划往收款人账户，同时将盖章后的托收凭证第四联回传至收款人开户银行。

（7）收款人开户银行将托收凭证第四联传送收款人，通知收款。

商 业 承 兑 汇 票(卡片)　1

出票日期（大写）　　年　　月　　日　　汇票编码：

<table>
<tr><td rowspan="3">付款人</td><td>全　称</td><td colspan="2"></td><td rowspan="3">收款人</td><td>全　称</td><td colspan="13"></td><td rowspan="7">此联承兑人留存</td></tr>
<tr><td>账　号</td><td colspan="2"></td><td>账　号</td><td colspan="13"></td></tr>
<tr><td>开户银行</td><td>行号</td><td></td><td>开户银行</td><td colspan="2"></td><td>行号</td><td colspan="10"></td></tr>
<tr><td colspan="2" rowspan="2">汇票金额</td><td colspan="4" rowspan="2">人民币
（大写）</td><td>亿</td><td>千</td><td>百</td><td>十</td><td>万</td><td>千</td><td>百</td><td>十</td><td>元</td><td>角</td><td>分</td></tr>
<tr><td></td><td></td><td></td><td></td><td></td><td></td><td></td><td></td><td></td><td></td><td></td></tr>
<tr><td colspan="2">汇票到期日
（大写）</td><td colspan="2"></td><td rowspan="2">付款行</td><td>行　号</td><td colspan="13"></td></tr>
<tr><td colspan="2">交易合同编码</td><td colspan="2"></td><td>地　址</td><td colspan="13"></td></tr>
<tr><td colspan="4">出票人签章：</td><td colspan="15">备注：</td></tr>
</table>

图 2-36　商业承兑汇票（第一联）

商业承兑汇票 2

出票日期（大写）　　年　　月　　日　　　　汇票编码：

<table>
<tr><td rowspan="3">付款人</td><td>全　称</td><td colspan="2"></td><td rowspan="3">收款人</td><td>全　称</td><td colspan="11"></td></tr>
<tr><td>账　号</td><td colspan="2"></td><td>账　号</td><td colspan="11"></td></tr>
<tr><td>开户银行</td><td></td><td>行号</td><td>开户银行</td><td></td><td>行号</td><td colspan="9"></td></tr>
<tr><td colspan="2" rowspan="2">汇票金额</td><td colspan="4" rowspan="2">人民币（大写）</td><td>亿</td><td>千</td><td>百</td><td>十</td><td>万</td><td>千</td><td>百</td><td>十</td><td>元</td><td>角</td><td>分</td></tr>
<tr><td></td><td></td><td></td><td></td><td></td><td></td><td></td><td></td><td></td><td></td><td></td></tr>
<tr><td colspan="2">汇票到期日（大写）</td><td colspan="2"></td><td rowspan="2">付款行</td><td>行 号</td><td colspan="11"></td></tr>
<tr><td colspan="2">交易合同编码</td><td colspan="2"></td><td>地 址</td><td colspan="11"></td></tr>
<tr><td colspan="4">本汇票已经本单位承兑，到期无条件支付票款。

承兑人签章：
承兑日期：　年　月　日</td><td colspan="13">本汇票请予以承兑，到期日付款。

出票人签章：</td></tr>
</table>

此联持票人开户行随托收凭证寄付款人开户行作借方凭证

图2-37　商业承兑汇票(第二联)

商业承兑汇票 3

出票日期（大写）　　年　　月　　日　　　　汇票编码：

<table>
<tr><td rowspan="3">付款人</td><td>全　称</td><td colspan="2"></td><td rowspan="3">收款人</td><td>全　称</td><td colspan="11"></td></tr>
<tr><td>账　号</td><td colspan="2"></td><td>账　号</td><td colspan="11"></td></tr>
<tr><td>开户银行</td><td></td><td>行号</td><td>开户银行</td><td></td><td>行号</td><td colspan="9"></td></tr>
<tr><td colspan="2" rowspan="2">汇票金额</td><td colspan="4" rowspan="2">人民币（大写）</td><td>亿</td><td>千</td><td>百</td><td>十</td><td>万</td><td>千</td><td>百</td><td>十</td><td>元</td><td>角</td><td>分</td></tr>
<tr><td></td><td></td><td></td><td></td><td></td><td></td><td></td><td></td><td></td><td></td><td></td></tr>
<tr><td colspan="2">汇票到期日（大写）</td><td colspan="2"></td><td rowspan="2">付款行</td><td>行 号</td><td colspan="11"></td></tr>
<tr><td colspan="2">交易合同编码</td><td colspan="2"></td><td>地 址</td><td colspan="11"></td></tr>
<tr><td colspan="4">备注：</td><td colspan="13"></td></tr>
</table>

此联由出票人存查

图2-38　商业承兑汇票(第三联)

（五）委托收款结算流程

委托收款结算流程见图 2-39。

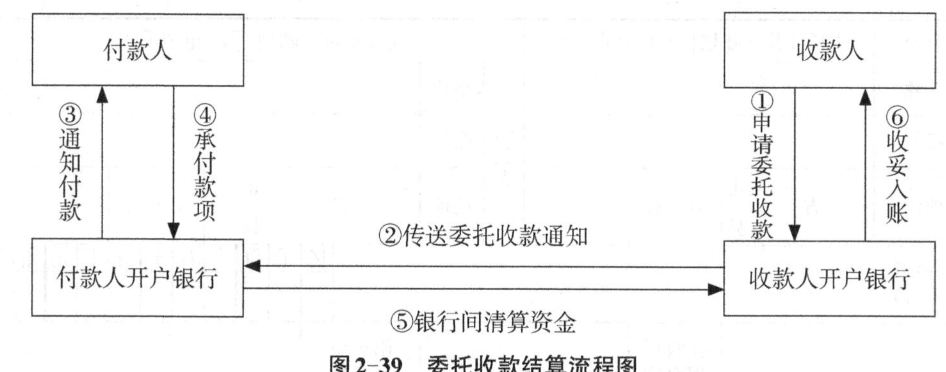

图 2-39 委托收款结算流程图

（1）收款人根据发票等填制托收结算凭证向银行提出委托收款申请，收到银行签章退回的第一联回联单。托收凭证一式五联，第一联为收款人开户银行给收款人的回单联（图 2-40），第二联由收款人开户银行作贷方凭证（图 2-41），第三联由付款人开户银行作借方凭证（图 2-42），第四联为收款人开户银行在款项收妥后交收款人的收款通知（图 2-43），第五联为付款人开户银行交付款人按期付款的通知（图 2-44）。

（2）收款人开户银行将托收凭证的第二联留存，将其余联次的托收凭证和其他有关凭证一同发往付款人开户银行。

（3）付款人开户银行将收到的托收凭证第三联留存，将第四、第五联和其他有关凭证送往付款人。

（4）付款人核对有关凭证后，在承付期 3 日到期时将托收凭证的第四联送交银行，办理货款的支付。

（5）付款人开户银行根据付款人送交的托收凭证第四联进行银行间款项的清算。

（6）收款人开户银行将托收凭证第四联送交收款人通知收款入账。

托收凭证（受理回单）　　1

委托日期　　年　　月　　日

业务类型		委托收款（邮划□ 电划□）				托收承付（邮划□ 电划□）					
付款人	全称					收款人	全称				
	账号						账号				
	地址	省	市 县	开户行			地址	省	市 县	开户行	
金额	人民币（大写）										亿 千 百 十 万 千 百 十 元 角 分
款项内容		托收凭据名称				附记单证张数					
商品发运情况						合同名称号码					
备注： 复核：　记账：		款项收妥日期 年　月　日				收款人开户银行签章： 年　月　日					

此联作收款人开户银行给收款人的受理回单

图 2-40 托收凭证（第一联）

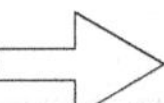

<table>
<tr><td colspan="16">托收凭证（贷方凭证）　　2
委托日期　　年　月　日</td></tr>
<tr><td colspan="2">业务类型</td><td colspan="3">委托收款（邮划□　电划□）</td><td colspan="11">托收承付（邮划□　电划□）</td></tr>
<tr><td rowspan="3">付款人</td><td>全称</td><td colspan="3"></td><td rowspan="3">收款人</td><td>全称</td><td colspan="9"></td></tr>
<tr><td>账号</td><td colspan="3"></td><td>账号</td><td colspan="9"></td></tr>
<tr><td>地址</td><td>省　市
县</td><td>开户行</td><td></td><td>地址</td><td colspan="3">省　市
县</td><td>开户行</td><td colspan="5"></td></tr>
<tr><td rowspan="2">金额</td><td colspan="4" rowspan="2">人民币
（大写）</td><td>亿</td><td>千</td><td>百</td><td>十</td><td>万</td><td>千</td><td>百</td><td>十</td><td>元</td><td>角</td><td>分</td></tr>
<tr><td></td><td></td><td></td><td></td><td></td><td></td><td></td><td></td><td></td><td></td><td></td></tr>
<tr><td>款项内容</td><td></td><td>托收凭据名称</td><td colspan="2"></td><td>附记单证张数</td><td colspan="10"></td></tr>
<tr><td colspan="2">商品发运情况</td><td colspan="3"></td><td colspan="3">合同名称号码</td><td colspan="8"></td></tr>
<tr><td colspan="2">备注：
收款人开户银行收到日期
年　月　日</td><td colspan="3">上列款项随附有关债务证明，请予办理。
收款人签章：</td><td colspan="11">复核：　记账：</td></tr>
</table>

此联收款人开户银行作贷方凭证

图2-41　托收凭证(第二联)

<table>
<tr><td colspan="16">托收凭证（借方凭证）　　3　　付款日期　年　月　日
委托日期　　年　月　日</td></tr>
<tr><td colspan="2">业务类型</td><td colspan="3">委托收款（邮划□　电划□）</td><td colspan="11">托收承付（邮划□　电划□）</td></tr>
<tr><td rowspan="3">付款人</td><td>全称</td><td colspan="3"></td><td rowspan="3">收款人</td><td>全称</td><td colspan="9"></td></tr>
<tr><td>账号</td><td colspan="3"></td><td>账号</td><td colspan="9"></td></tr>
<tr><td>地址</td><td>省　市
县</td><td>开户行</td><td></td><td>地址</td><td colspan="3">省　市
县</td><td>开户行</td><td colspan="5"></td></tr>
<tr><td rowspan="2">金额</td><td colspan="4" rowspan="2">人民币
（大写）</td><td>亿</td><td>千</td><td>百</td><td>十</td><td>万</td><td>千</td><td>百</td><td>十</td><td>元</td><td>角</td><td>分</td></tr>
<tr><td></td><td></td><td></td><td></td><td></td><td></td><td></td><td></td><td></td><td></td><td></td></tr>
<tr><td>款项内容</td><td></td><td>托收凭据名称</td><td colspan="2"></td><td>附记单证张数</td><td colspan="10"></td></tr>
<tr><td colspan="2">商品发运情况</td><td colspan="3"></td><td colspan="3">合同名称号码</td><td colspan="8"></td></tr>
<tr><td colspan="2">备注：
年　月　日</td><td colspan="3">收款人开户银行签章：
年　月　日</td><td colspan="11">复核：　记账：</td></tr>
</table>

此联付款人开户银行作借方凭证

图2-42　托收凭证(第三联)

托收凭证 4（汇款依据或收账通知）

委托日期　　年　月　日

付款日期　年　月　日

<table>
<tr><td colspan="2">业务类型</td><td colspan="4">委托收款（邮划□ 电划□）</td><td colspan="6">托收承付（邮划□ 电划□）</td></tr>
<tr><td rowspan="3">付款人</td><td>全称</td><td colspan="4"></td><td rowspan="3">收款人</td><td>全称</td><td colspan="4"></td></tr>
<tr><td>账号</td><td colspan="4"></td><td>账号</td><td colspan="4"></td></tr>
<tr><td>地址</td><td>省</td><td>市
县</td><td>开户行</td><td></td><td>地址</td><td>省</td><td>市
县</td><td>开户行</td><td></td></tr>
<tr><td>金额</td><td colspan="6">人民币
（大写）</td><td colspan="5">亿 千 百 十 万 千 百 十 元 角 分</td></tr>
<tr><td colspan="2">款项内容</td><td></td><td>托收凭据名称</td><td colspan="2"></td><td>附记单证张数</td><td colspan="5"></td></tr>
<tr><td colspan="2">商品发运情况</td><td colspan="4"></td><td colspan="2">合同名称号码</td><td colspan="4"></td></tr>
<tr><td colspan="3">备注：
复核：　记账：</td><td colspan="3">上列款项已划回，收入你方账户。
收款人开户银行签章
年　月　日</td><td colspan="6"></td></tr>
</table>

此联付款人开户银行凭已付款或收款人开户银行作收账通知

图2-43 托收凭证（第四联）

托收凭证（付款通知） 5

委托日期　　年　月　日

付款日期　年　月　日

<table>
<tr><td colspan="2">业务类型</td><td colspan="4">委托收款（邮划□ 电划□）</td><td colspan="6">托收承付（邮划□ 电划□）</td></tr>
<tr><td rowspan="3">付款人</td><td>全 称</td><td colspan="4"></td><td rowspan="3">收款人</td><td>全 称</td><td colspan="4"></td></tr>
<tr><td>账 号</td><td colspan="4"></td><td>账 号</td><td colspan="4"></td></tr>
<tr><td>地 址</td><td>省</td><td>市
县</td><td>开户行</td><td></td><td>地 址</td><td>省</td><td>市
县</td><td>开户行</td><td></td></tr>
<tr><td>金额</td><td colspan="6">人民币
（大写）</td><td colspan="5">亿 千 百 十 万 千 百 十 元 角 分</td></tr>
<tr><td colspan="2">款项内容</td><td></td><td>托收凭据名称</td><td colspan="2"></td><td>附记单证张数</td><td colspan="5"></td></tr>
<tr><td colspan="2">商品发运情况</td><td colspan="4"></td><td colspan="2">合同名称号码</td><td colspan="4"></td></tr>
<tr><td colspan="3">备注：
付款人开户银行收到日期
年　月　日
复核：　记账：</td><td colspan="3">付款人开户银行签章</td><td colspan="6">付款人注意：
1. 根据支付结算办法，上列委托收款（托收承付）款项在付款期限内未提出拒付，即视为同意付款。以此代付款通知。
2. 如需提出全部或部分拒付，应在规定期限内，将拒付理由书并债务证明退交开户银行。</td></tr>
</table>

此联付款人开户银行给付款人按期付款通知书

图2-44 托收凭证（第五联）

（六）托收承付结算流程

托收承付结算流程见图 2-45。

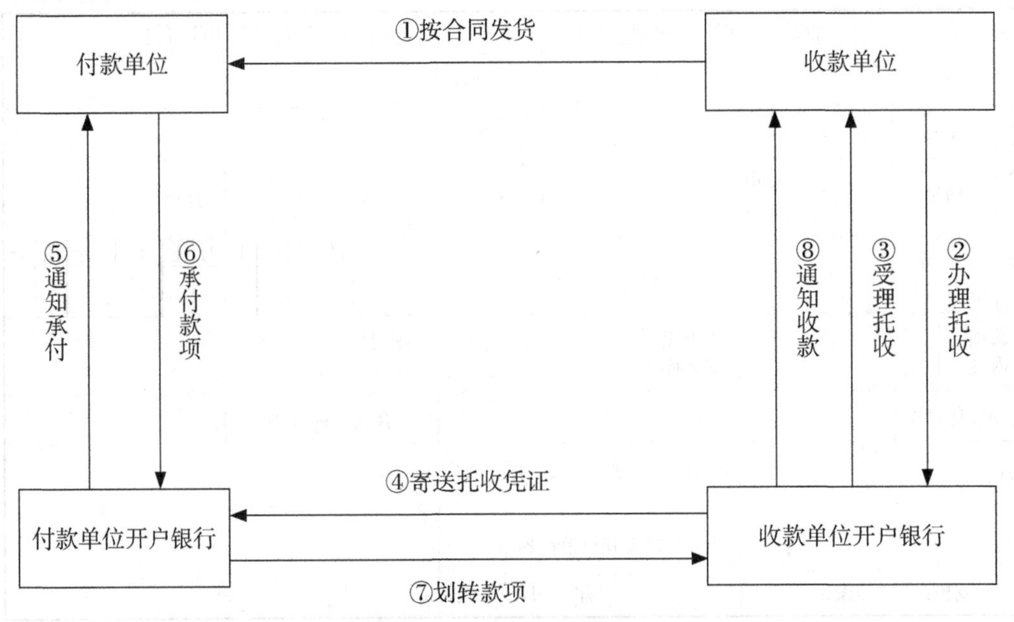

图2-45　托收承付结算流程

托收承付的结算流程基本和委托收款类似，不再重复。

（七）汇兑结算流程

汇总结算流程见图 2-46。

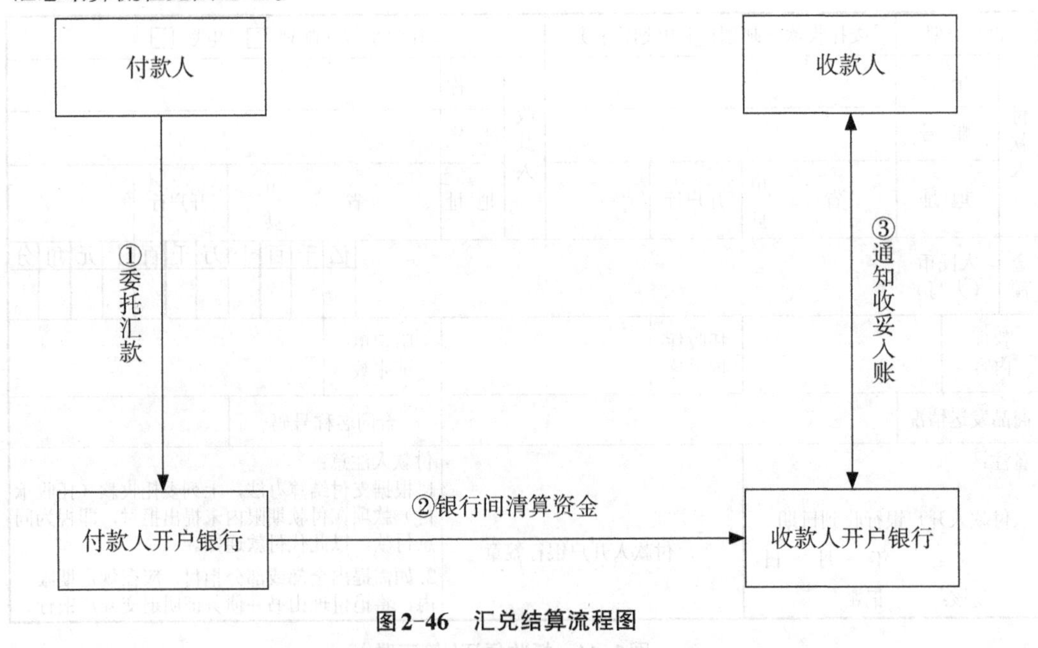

图2-46　汇兑结算流程图

（1）付款人向银行提交汇兑结算凭证，信汇为一式四联（图 2-47 ～图 2-50），电汇为一式三联（图 2-51 ～图 2-53），委托银行向收款人支付款项。付款人收到银行签章退回的第一联回单联后，支付款项。

（2）信汇方式下，付款人开户银行留存信汇凭证的第二联，将第三、第四联送往收款人开户银行，办理银行间款项的清算。电汇方式下，付款人开户银行留存电汇凭证的第二联，同时凭第三联汇出汇款，办理银行间款项的清算。

（3）信汇方式下，收款人开户银行根据收到的信汇凭证第三联进行收款人存款转入的核算，并将第四联入账通知联送到收款人。

银行 信汇凭证（回单）　　1

委托日期　　年　　月　　日

汇款人	全 称			收款人	全 称												
	账 号				账 号												
	汇出地点		汇出行名称		汇入地点		汇入行名称										
金额	人民币（大写）					亿	千	百	十	万	千	百	十	元	角	分	
				支付密码：													
汇出行签章				附加信息及用途： 复核：　记账：													

此联是汇出行给汇款人的回单

图 2-47　信汇凭证（第一联）

银行 信汇凭证（借方凭证）　　2

委托日期　　年　　月　　日

汇款人	全 称			收款人	全 称												
	账 号				账 号												
	汇出地点		汇出行名称		汇入地点		汇入行名称										
金额	人民币（大写）					亿	千	百	十	万	千	百	十	元	角	分	
				支付密码													
此汇款支付给收款人。 汇出行签章				附加信息及用途： 复核：　记账：													

此联汇出行作借方凭证

图 2-48　信汇凭证（第二联）

银行 信汇凭证（贷方凭证） 3

委托日期 年 月 日

汇款人	全称				收款人	全称												
	账号					账号												
	汇出地点		汇出行名称			汇入地点		汇入行名称										
金额	人民币（大写）							亿	千	百	十	万	千	百	十	元	角	分
					支付密码													
					附加信息及用途： 复核： 记账：													

此联汇入行作贷方凭证

图2-49 信汇凭证（第三联）

银行 信汇凭证（收账通知） 4

委托日期 年 月 日

汇款人	全称				收款人	全称												
	账号					账号												
	汇出地点		汇出行名称			汇入地点		汇入行名称										
金额	人民币（大写）							亿	千	百	十	万	千	百	十	元	角	分
					支付密码													
款项已收入收款人账户。 汇入行签章					附加信息及用途： 复核： 记账：													

此联是给收款人的收账通知

图2-50 信汇凭证（第四联）

银行 电汇凭证（回单） 1

□普通 □加急 委托日期 年 月 日

汇款人	全称				收款人	全称			
	账号					账号			
	汇出地点		汇出行名称			汇入地点		汇入行名称	

金额	人民币（大写）	亿	千	百	十	万	千	百	十	元	角	分

	支付密码
汇出行签章	附加信息及用途： 复核： 记账：

此联是汇出行给汇款人的回单

图2-51 电汇凭证（第一联）

银行 电汇凭证（借方凭证） 2

□普通 □加急 委托日期 年 月 日

汇款人	全称				收款人	全称			
	账号					账号			
	汇出地点		汇出行名称			汇入地点		汇入行名称	

金额	人民币（大写）	亿	千	百	十	万	千	百	十	元	角	分

	支付密码
此汇款支付给收款人。 汇出行签章	附加信息及用途： 复核： 记账：

此联汇出行作借方凭证

图2-52 电汇凭证（第二联）

银行 电汇凭证（汇款依据） 3

□普通 □加急 委托日期 年 月 日

汇款人	全称				收款人	全称			
	账号					账号			
	汇出地点		汇出行名称			汇入地点		汇入行名称	
金额	人民币（大写）							亿 千 百 十 万 千 百 十 元 角 分	
					支付密码				
					附加信息及用途： 复核： 记账：				

此联汇出行凭以汇出汇款

图2-53 电汇凭证(第三联)

三、供产销业务

（一）采购业务

采购业务流程见图 2-54。

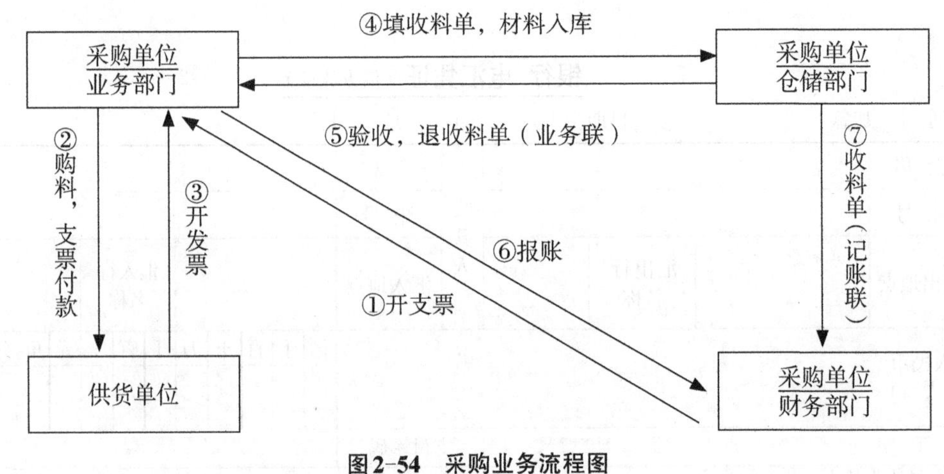

图2-54 采购业务流程图

（1）采购人员根据采购需要向财务部门申请并领取支票。

（2）业务部门派采购人员向供货方购买原材料并交付支票办理结算。

（3）供货方收取支票并开出发票。

（4）业务部门将提货联交仓储部门并填写收料单。

（5）仓储部门验收材料，在收料单上填写实收数量并签章，将填上实收数量的收料单的业务联交业务部门，作为登记业务账的依据。

（6）业务部门将采购材料发票的记账联交财务部门，作为会计账务处理依据。

（7）仓储部门将填上实收数量的收料单记账联交财务部门，作为会计账务处理依据。

（二）生产业务

生产业物流程见图 2-55。

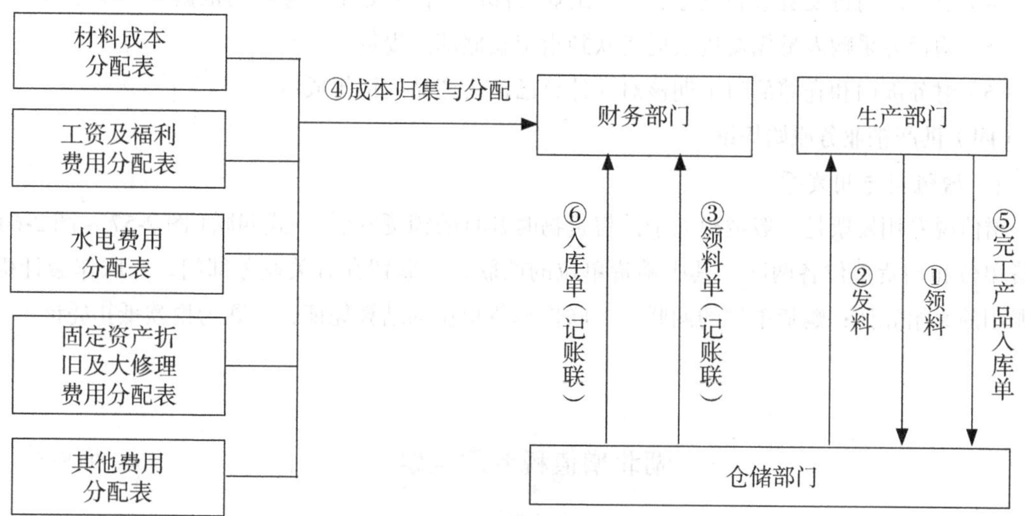

图2-55　生产业务流程图

（1）生产部门按照生产计划需要，填制领料单向仓储部门领料。

（2）仓储部门发料后根据领料单登记保管账。

（3）仓储部门发料后传递发料单的记账联及发料汇总表给财务部门。

（4）财务部门根据生产过程发生的料、工、费进行成本归集和分配。

（5）生产部门按完工产品填写入库单送仓储部门验收入库，仓储部门根据入库单登记保管账。

（6）仓储部门将入库单的记账联传递给财务部门进行完工产品入库的账务处理。

（三）销售业务

销售业务流程见图 2-56。

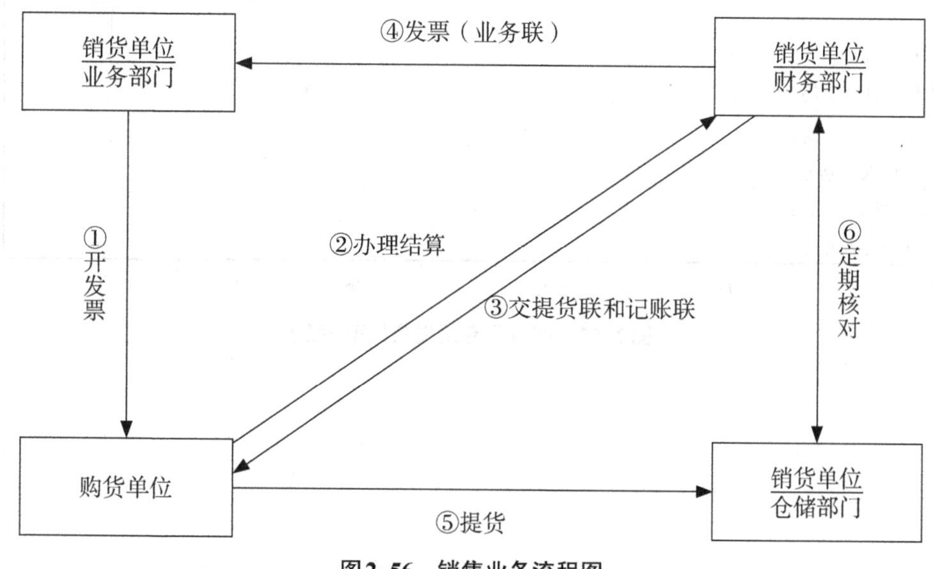

图2-56　销售业务流程图

（1）购货方采购人员到业务部门提出采购需求，业务部门开出发货票。

（2）购货方采购人员到财务部门办理结算并交付支票。

（3）财务部门办妥收款手续，在发票上签章后交购货方采购人员提货。

（4）财务部门将发货票的业务联传递给业务部门，作为登记业务账的依据。

（5）购货方采购人员凭发货票提货联到指定仓储部门提货。

（6）财务部门和仓储部门定期核对并计算已销售产品的销售成本。

（四）供产销业务原始凭证

1. 增值税专用发票

增值税专用发票是一般纳税人于销售货物时开具的销货发票，一式四联（图 2-57 ~ 图 2-60），销货单位和购货单位各两联。其中销货单位的两联，一联留存有关业务部门，一联作会计机构记账用的原始凭证；购货单位的两联，一联作购货单位的结算凭证，一联为税款抵扣凭证。

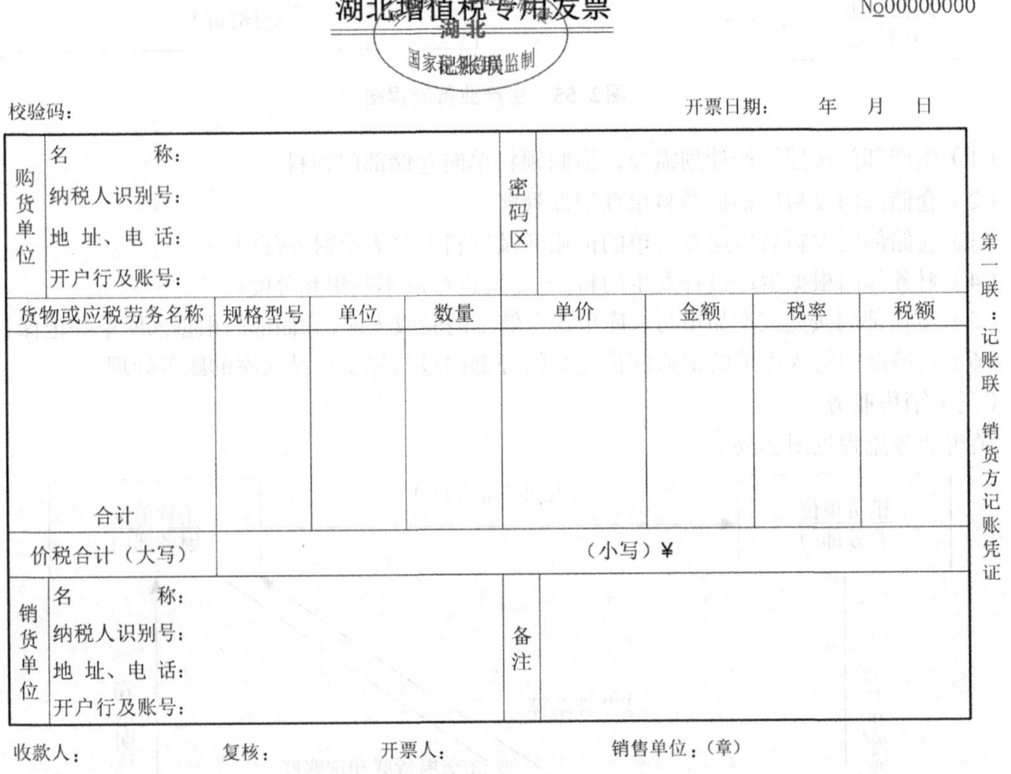

湖北增值税专用发票　　　　No00000000

湖北　国家税务局监制　记账联

校验码：　　　　　　　　　　　　　　开票日期：　年　月　日

购货单位	名　称： 纳税人识别号： 地 址、电 话： 开户行及账号：				密码区			第一联：记账联　销货方记账凭证
货物或应税劳务名称	规格型号	单位	数量	单价	金额	税率	税额	
合计								
价税合计（大写）				（小写）¥				
销货单位	名　称： 纳税人识别号： 地 址、电 话： 开户行及账号：				备注			

收款人：　　　　复核：　　　　开票人：　　　　销售单位：（章）

图2-57　增值税专用发票（第一联）

湖北增值税专用发票 No00000000

抵扣联

校验码： 开票日期： 年 月 日

货物或应税劳务名称	规格型号	单位	数量	单价	金额	税率	税额
购货单位 名称： 纳税人识别号： 地址、电话： 开户行及账号：				密码区			
货物或应税劳务名称	规格型号	单位	数量	单价	金额	税率	税额
合计							
价税合计（大写）				（小写）¥			
销货单位 名称： 纳税人识别号： 地址、电话： 开户行及账号：				备注			

收款人： 复核： 开票人： 销售单位：（章）

第二联：抵扣联 购货方扣税凭证

图2-58 增值税专用发票（第二联）

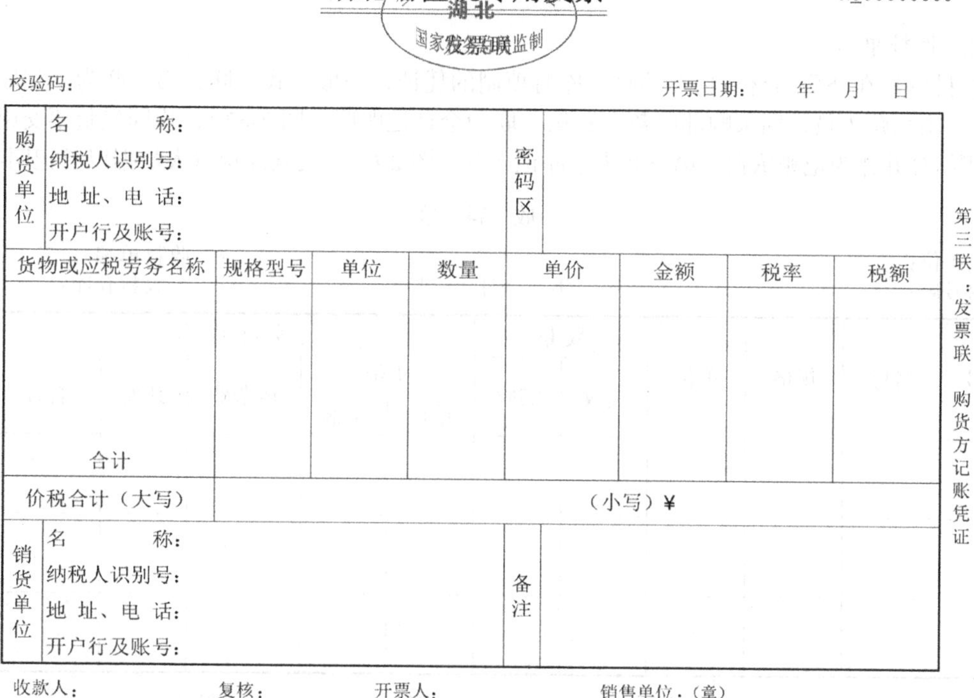

湖北增值税专用发票 No00000000

发票联

校验码： 开票日期： 年 月 日

货物或应税劳务名称	规格型号	单位	数量	单价	金额	税率	税额
购货单位 名称： 纳税人识别号： 地址、电话： 开户行及账号：				密码区			
货物或应税劳务名称	规格型号	单位	数量	单价	金额	税率	税额
合计							
价税合计（大写）				（小写）¥			
销货单位 名称： 纳税人识别号： 地址、电话： 开户行及账号：				备注			

收款人： 复核： 开票人： 销售单位：（章）

第三联：发票联 购货方记账凭证

图2-59 增值税专用发票（第三联）

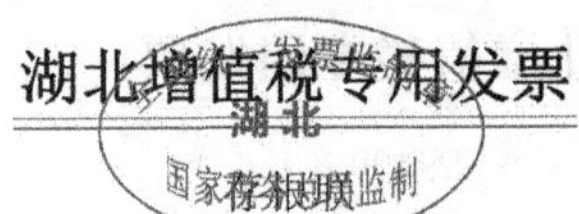

湖北增值税专用发票 №00000000

校验码： 开票日期： 年 月 日

购货单位	名　　称： 纳税人识别号： 地 址、电 话： 开户行及账号：			密码区			
货物或应税劳务名称	规格型号	单位	数量	单价	金额	税率	税额
合计							
价税合计（大写）	（小写）¥						
销货单位	名　　称： 纳税人识别号： 地 址、电 话： 开户行及账号：			备注			

收款人： 复核： 开票人： 销售单元：（章）

第四联：存根联 销货方留存备查

图2-60 增值税专用发票(第四联)

2. 收料单

收料单是在外购的材料物资验收入库时填制的凭证，一般一式三联，第一联为存根联（图2-61），由采购人员带回采购部门备查；第二联为会计记账联（图2-62），连同发货票交财会部门办理结算并作为记账依据；第三联为仓库记账联（图2-63），交仓库保管人员据以登记明细账。

收 料 单

供应单位： 收料单编号：
发票号码： 年 月 日 收料仓库：

编号	名称	规格	单位	数量		实际成本				
				应收	实收	买价		运杂费	其他	合计
						单价	金额			

第一联 存根联

采购员： 检验员： 记账员： 保管员：

图2-61 收料单(第一联)

收　料　单

供应单位：　　　　　　　　　　　　　　　　　　　　收料单编号：
发票号码：　　　　　　　　年　　月　　日　　　　　收料仓库：

编号	名称	规格	单位	数量		实际成本				
				应收	实收	买价		运杂费	其他	合计
						单价	金额			

第二联　会计记账联

采购员：　　　　检验员：　　　　记账员：　　　　保管员：

图2-62　收料单(第二联)

收　料　单

供应单位：　　　　　　　　　　　　　　　　　　　　收料单编号：
发票号码：　　　　　　　　年　　月　　日　　　　　收料仓库：

编号	名称	规格	单位	数量		实际成本				
				应收	实收	买价		运杂费	其他	合计
						单价	金额			

第三联　仓库记账联

采购员：　　　　检验员：　　　　记账员：　　　　保管员：

图2-63　收料单(第三联)

3. 领料单

领料单是由领用材料的部门或者人员根据所需领用材料的数量填写的单据，一般一式三联，第一联为存根联（图 2-64），由领料部门留存；第二联为会计记账联（图 2-65），交财会部门据以记账；第三联为仓库记账联（图 2-66），由仓库留存据以登记材料物资明细账。

领 料 单

领料单位： 凭证编号：
用途： 年 月 日 发料仓库：

编号	名称	规格	单位	数量		单位成本	金额
				请领	实发		

第一联 存根联

审核人： 发料人： 领料人：

图 2-64 领料单（第一联）

领 料 单

领料单位： 凭证编号：
用途： 年 月 日 发料仓库：

编号	名称	规格	单位	数量		单位成本	金额
				请领	实发		

第二联 会计记账联

审核人： 发料人： 领料人：

图 2-65 领料单（第二联）

领　料　单

领料单位：　　　　　　　　　　　　　　　　　　　　　　　　凭证编号：
用途：　　　　　　　　　　　年　　月　　日　　　　　　　　发料仓库：

编号	名称	规格	单位	数量		单位成本	金额
				请领	实发		

第三联　仓库记账联

审核人：　　　　　　　　　　发料人：　　　　　　　　　　领料人：

图2-66　领料单(第三联)

4. 收据

收据是指盖有公司财务专用章，从非税务机关购买的收款票据，由企业的出纳人员负责填写。收据一般一式三联，第一联为存根联（图2-67），由收款方留存备查；第二联为发票联（图2-68），由付款方作付款的记账凭证；第三联为记账联（图2-69），由收款方作收款的入账凭证。

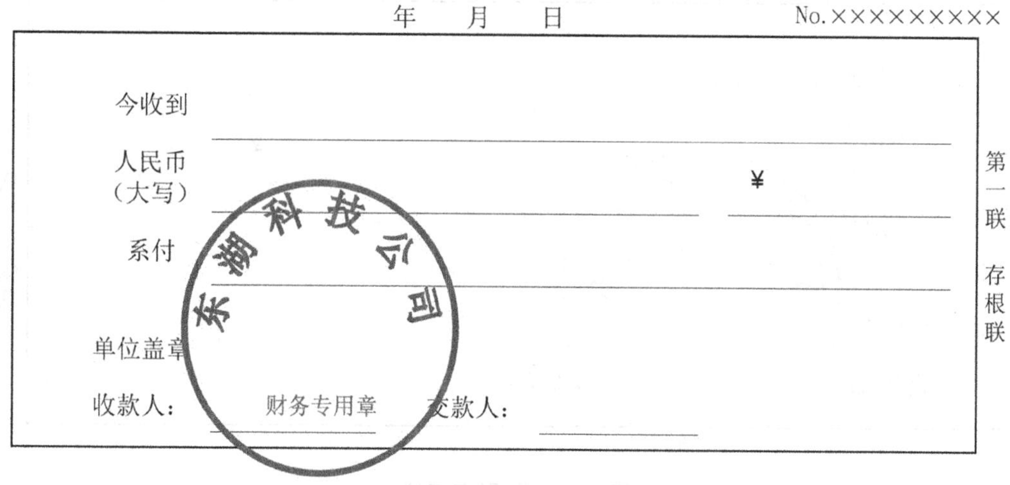

武汉市统一收款收据

税务局批准文号×

年　　月　　日　　　　　　No.×××××××××

今收到

人民币（大写）　　　　　　　　¥

系付

单位盖章

收款人：　　　　　　交款人：

第一联　存根联

图2-67　收据(第一联)

武汉市统一收款收据

税务局批准文号×

年　月　日　No.×××××××××

今收到＿＿＿＿＿＿＿＿＿＿

人民币（大写）＿＿＿＿＿＿ ¥＿＿＿＿

系付＿＿＿＿＿＿＿＿＿＿

单位盖章

东湖科技公司 财务专用章

收款人：＿＿＿＿　交款人：＿＿＿＿

第二联 发票联

图 2-68　收据（第二联）

武汉市统一收款收据

税务局批准文号×

年　月　日　No.×××××××××

今收到＿＿＿＿＿＿＿＿＿＿

人民币（大写）＿＿＿＿＿＿ ¥＿＿＿＿

系付＿＿＿＿＿＿＿＿＿＿

单位盖章

东湖科技公司 财务专用章

收款人：＿＿＿＿　交款人：＿＿＿＿

第三联 记账联

图 2-69　收据（第三联）

第三部分　实训操作规范

一、会计书写规范

会计书写规范是指会计工作人员，在经济业务活动的记录过程中，对接触的数码和文字的一种规范化书写以及书写方法。会计工作离不开书写，没有规范的书写就没有会计工作质量。会计书写的内容包括阿拉伯数字的书写、数字大写以及汉字书写等。会计书写规范的基本要求：正确、规范、清晰、整洁、美观。

（一）文字的书写要求

文字书写是指汉字书写。与经济业务活动相联系的文字书写包括企业名称、会计科目、费用项目、商品类别、计量单位、摘要以及财务分析报表的书写等。

1. 文字书写的基本要求

（1）简明、扼要、准确。指用简短的文字把经济业务发生的内容记述清楚，在有格限的情况下，文字数目要以写满但不超出该栏格为限。会计科目要写全称，不能简化，子、细目要准确，符合会计制度的规定，不能用表述不清、记叙不准的语句或文字。

（2）字迹工整清晰。指书写时用正楷或行书，不能用草书；不宜过大，一般上下要留空隙，也不宜过小；不能过于稠密，要适当留字距；不能写得大小不一。

2. 文字书写的具体要求

（1）用正楷或行书体书写，要求工整、清晰、规范、整洁，不得乱造汉字。

（2）用蓝黑墨水或碳素墨水书写，不得用铅笔、圆珠笔（用复写纸复写除外）书写。

（3）红色墨水只在特殊情况下使用，包括：按照红字冲账的记账凭证，冲销错误记录；在不设借方和贷方的多栏式账页中，登记减少数。

（4）文字书写一般紧靠左竖线书写，不留空白。

（5）书写时不能顶格，一般只占格距高度的1/2或2/3。

（二）阿拉伯数字的书写要求

会计工作离不开阿拉伯数字，数码要写标准字体（图3-1），在有金额分位格的账表凭证上，阿拉伯数字的书写，结合记账规则的需要，有特定的书写要求。

（1）阿拉伯数字应一个个写，阿拉伯金额前应书写币种符号（如人民币符号“¥”）或货币简写和币种符号。币种符号与阿拉伯金额间不得留空。凡在阿拉伯金额前写币种符号的，数字后不再写货币单位（如“元”）。

（2）以元为单位（其他货币种类为货币基本单位，下同）的阿拉伯数字，除表示单价等情况外，一律在元位小数点后填到写角分位；无角分的，角、分位可写“00”或符号“—”；有角无分的，分位应写“0”，不得用符号“—”代替。

（3）每个数字要大小匀称，笔画流畅；每个数码独立有形，使人一目了然，不能连笔书写。

（4）阿拉伯数字书写的顺序是由高位到低位，从左到右依次写出各位数字，笔画顺序是自上而下，防止写倒笔字。

（5）每个数字要紧贴底线书写，但上不可顶格，其高度一般占全格的1/2或2/3的位置，要为更正数字留有余地。

（6）除“6”“7”“9”外，其他数字高低要一致。“6”的上端比其他数码高出1/4，“7”和“9”的下端比其他数码伸出1/4。

（7）各数字的倾斜度要一致，一般要求与底线成60°的倾斜。

（8）在没有印刷数字格的会计书写中，同行的相邻数字之间要空出半个阿拉伯数字的位置，但也不可预留间隔（以不能增加数字为好）。

（9）在印有数位线的凭证、账簿、报表上，每一格只能写一个数字，不得几个字挤在一个格里，也不得在数字中间留有空格。

（10）除“4”“5”以外，数字必须一笔写成，不能人为地增加数字的笔画。

（11）对于易混淆且笔顺相近的数字，如“0”和“6”、“1”和“7”、“3”和“8”、“7”和“9”，在书写时，尽可能地按标准字体书写，区分笔顺，避免混同，以防涂改。例如：“1”不可写得过短，要保持倾斜度，这样可防止改写为“4”“6”“7”“9”；书写“6”时要顶满格子，下圆要明显，以防止改写为“8”“7”“9”两字的落笔可延伸到底线下面；“6”“8”“9”“0”都必顺把圆圈笔画写顺，并一定要封口。

（12）在阿拉伯数码的整数部分，可以从小数点起向左按“三位一节”空1/4汉字的位置或用分位点“，”分开。

（13）采用规范的手写体书写，并要保持个人的独特字体，以防被模仿。

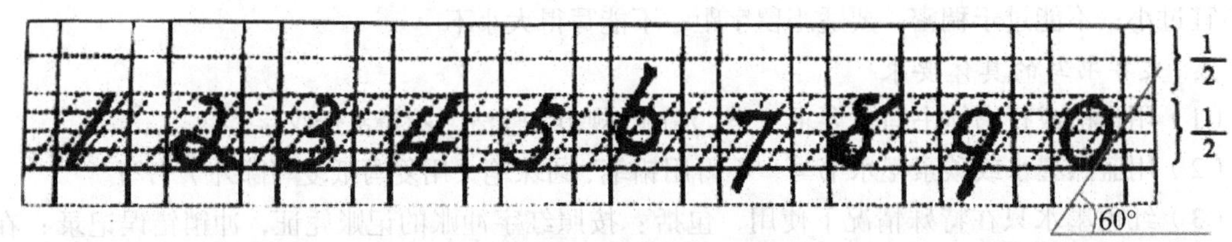

图3-1　阿拉伯数字书写示范

（三）中文大写数字的书写要求

中文大写数字是用于填写需要防止涂改的销货发票、银行结算凭证、收据等（表3-1）。为了防止作弊，银行、单位和个人填写的各种票据和结算凭证的中文大写金额一律不许涂改，一旦写错，则该凭证作废，需要重新填写。因此，会计人员在书写中文大写数字时必须认真填写，以减少书写错误的发生。

（1）大写金额由数字（壹、贰、叁、肆、伍、陆、柒、捌、玖）和数位［拾、佰、仟、万、亿、元、角、分、零、整（正）］两个部分组成。中文书写通常采用正楷、行书两种。

（2）大写数字不能乱用简化字，不能用0（另）、一、二、三、四、五、六、七、八、九、十等文字代替大写金额数据。

（3）大写金额前要冠以“人民币”字样，大写金额前若没有印制“人民币”字样的，书写时，在大写金额前要加填“人民币”字样。“人民币”与金额首位数字之间不留空位，数字之间更不能留空位，写数与读数顺序要一致。

（4）人民币以元为单位，元后无角分的需要写“整”或“正”字。如果到角为止，角后可以写“整”或“正”字，也可以不写；如果到分为止，分后不写“整”或“正”字。

（5）金额数字中间有“0”时,中文大写金额也要写“零”字；金额数字中间连续有几个“0”时，大写数字只写一个“零”字。

（6）金额数字万位或元位是“0”，或者数字中间连续有几个“0”，万位、元位也是“0”，但千位、角位不是“0”时，大写金额中可以只写一个“零”字，也可以不写“零”字。

（7）金额数字角位是“0”，而分位不是“0”时，中文大写金额元后面应写“零”字。

（8）表示位的文字前必须有数字，即当金额数字首位是“1”时，前面必须写上“壹”字。

（9）在印有大写金额万、仟、佰、拾、元、角、分位置的凭证上书写大写金额时，金额前面如有空位，可画“⊗”注销，阿拉伯数字中间有几个“0”（含分位），汉字大写金额就可以写几个零。

（10）中文大写数字写错或发现漏记,不能涂改,也不能用“划线更正法”,必须重新填写凭证。

表 3-1 大小金额书写示例

小写金额									大写金额	
没有数位分割线	有数位分割线								印有数位固定位置	未印数位固定位置
	十	万	千	百	十	元	角	分		
¥ 0.02								2	人民币 佰 拾 万 仟 佰 拾 元⊗角贰分	人民币贰分
¥ 3.08						3	0	8	人民币 佰 拾 万 仟 佰⊗拾叁元零角捌分	人民币叁元零捌分
¥ 16.95					1	6	9	5	人民币 佰 拾 万 仟⊗佰壹拾陆元玖角伍分	人民币壹拾陆元玖角伍分
¥ 800.10				8	0	0	1	0	人民币 佰 拾 万⊗仟捌佰零拾零元壹角零分	人民币捌佰元零壹角整
¥ 3,200.47			3	2	0	0	4	7	人民币 佰 拾⊗万叁仟贰佰零拾零元肆角柒分	人民币叁仟贰佰元零肆角柒分
¥ 83,518.76		8	3	5	1	8	7	6	人民币 佰⊗拾捌万叁仟伍佰壹拾捌元柒角陆分	人民币捌万叁仟伍佰壹拾捌元柒角陆分
¥ 105,000.00	1	0	5	0	0	0	0	0	人民币⊗佰壹拾零万伍仟零佰零拾零元零角零分	人民币壹拾万零伍仟元整
¥ 107,000.23	1	0	7	0	0	0	2	3	人民币⊗佰壹拾零万柒仟零佰零拾零元贰角叁分	人民币壹拾万柒仟元贰角叁分

（四）票据出票日期的书写要求

票据的出票日期必须使用中文大写（表 3-2）。票据出票日期使用小写填写的,银行不予受理；大写日期未按要求规范填写的，银行可予以受理，但由此造成的损失由出票人自行承担。为防止变造票据的出票日期，在填写月、日时，月为壹、贰和壹拾的，日为壹至玖和壹拾、贰拾和叁拾的，应在其前加“零”；日为拾壹至拾玖的，应在其前面加“壹”。

表 3-2 大小金额书写示例

出票日期	中文大写日期	出票日期	中文大写日期
2019 年 1 月 8 日	贰零壹玖年零壹月零捌日	2019 年 1 月 16 日	贰零壹玖年零壹月壹拾陆日
2019 年 2 月 18 日	贰零壹玖年零贰月壹拾捌日	2019 年 10 月 12 日	贰零壹玖年零壹拾月壹拾贰日
2019 年 11 月 20 日	贰零壹玖年拾壹月零贰拾日	2019 年 12 月 30 日	贰零壹玖年拾贰月零叁拾日

二、建账

（一）启用账簿

1. 封面

除订本式账簿不另设封面外，各种活页式账簿均应设置与账页大小相一致的账夹、封面、封底，并在封面正中部分设置封签，用蓝黑墨水书写单位名称、账簿名称及所属会计年度。

2. 扉页

扉页主要用来标明会计账簿的使用信息，如科目索引、账簿启用和经管人员一览表等。内容包括：单位名称、账簿名称、起止页数、册数、启用日期和截止日期、经管账簿单位会计机构负责人（会计主管人员）、经管人员、移交人和移交日期、接管人和接管日期、账户目录等。

（1）账簿启用和经管人员一览表。

a. 单位或使用者名称，即会计主体名称，与公章内容一致。

b. 印签，即单位公章。

c. 使用账簿页数，在本年度结束（12 月 31 日）据实证明。如启用的是订本式账簿，起止页数已经印好不需要再填；启用活页式账簿，起止页数可等到装订成册时再填。

d. 经管人员，盖相关人员个人名章。记账人员或会计主管人员在本年度调动工作时，应注明交接日期、接办人员和监交人员姓名，并由交接双方签名或盖章，以明确经济责任。

e. 印花税票一律贴在账簿启用表的右上角，并在印花税票的中间画两条出头的注销线，以示税票注销。除实收资本、资本公积账簿按万分之五贴花，其他账簿均按 5 元每本贴花。

（2）账户目录：账簿外表形式不同，其账户目录编写也不同。

a. 启用订本式账簿，应从第一页起到最后一页顺序编定号码，不得跳页、缺号。总分类账采用的订本式账簿，印刷时已事先在每页的左上角或右上角印好页码。由于所有账户的总账均须在一本账簿上体现，所以应给每个账户预先留好页码，如“库存现金”总账预留第 1 页和第 2 页，“银行存款”总账预留第 3 页至第 6 页，根据单位具体情况预留页码，并把科目名称及其所在页次填在账户目录中。库存现金和银行存款日记账分别登记在独立的账簿上，因此不存在预留账页的问题。

b. 启用活页式账簿，应按账户顺序编列分页号，一个账户编一个号。如一个账户记载两页以上时，可在分页号后加编附号。如某账户的分页号是 6 号，分别有 3 页账页时，则分页号分别编为 6.1、6.2 和 6.3。年终装订成册，装订后再按实际使用的账页编定页数，另加账户目录。由于明细分类账采用活页式账页，在年底归档前可以增加账页，所以不用非常严格地预留账页。

3. 账页

账页是账簿用来记录经济业务事项的载体，其格式因记录经济业务内容的不同而有所不同，但主要包括账户的名称、登记账簿的日期栏、凭证种类和号数栏、摘要栏（记录经济业务内容的简要说明）、金额栏（记录经济业务的增减变动情况）、总页次（账簿总页数）和分户页次（该账户所在的页数）栏等基本内容。

（二）建立总账

1. 账页格式

总分类账主要采用订本的三栏式账页，即账面按借、贷、余三栏设置。目录页以企业会计准则设定的会计科目顺序为依据，根据企业涉及的业务设置总账。将写有账户名称的口取纸依次等距离粘贴在账页上，并使账户的名称露在账外，方便记账工作。

2. 登记期初余额

每个总账的第一页的第一行登记该账户的余额，在“日期”栏内，填写“××××年××月1日”；不必填制记账凭证字号；在“摘要”栏内，注明“上年结转”或“期初余额”字样；将总账账户余额填在“余额”栏内，并在“余额”栏内注明“借”或“贷”，以标明余额的方向。总账期初余额的登记见表3-3。

表3-3　总　　账

科目：原材料

2019年		凭证		摘　要	借　方	贷　方	借或贷	余　额
月	日	字	号					
12	1			期初余额			借	42 000.00

（三）建立日记账

1. 账页格式

日记账主要采用订本的三栏式账页，由出纳人员根据审核无误的收、付款凭证，按照经济业务的先后顺序逐日逐笔登记，每日及每月终了进行“日清月结”。

2. 登记期初余额

现金和银行存款日记账的第一页的第一行登记该账户的余额，在“日期”栏内，填写“××××年××月1日”；不必填制记账凭证字号；在“摘要”栏内，注明“上年结转”或“期初余额”字样；将现金实有数或银行存款账面数填在“余额”栏内。日记账期初余额的登记见表3-4。

表3-4　库存现金日记账

2019年		凭证		对方科目	摘　要	借　方	贷　方	余　额
月	日	字	号					
12	1				期初余额			5 000.00

（四）建立明细账

1. 账页格式

明细分类账一般采用活页式账簿，账页格式根据所反映的经济业务特点以及企业管理的不同要求进行设计和选择，主要有三栏式、数量金额式和多栏式三种。

（1）三栏式明细账与总账的格式相同，适用于只需要进行金额核算的账户。如“应收账款”“应付账款”“短期借款”“实收资本”等账户。

（2）数量金额式明细账设有“收、发、存”三栏，并在每栏分设数量、单价和金额，适用于既进行价值核算又要实物数量核算的各种财产物资账户。如“原材料”“库存商品”等账户。

（3）多栏式明细账是在一张账页上按有关明细项目分设若干个专栏，集中反映各有关明细科目的核算资料。多栏式明细账可分为借方多栏式明细账，如“生产成本”“制造费用”“管理费用”等账户；贷方多栏式明细账，如“主营业务收入”“营业外收入”等账户；借贷方多栏式明细账，如“本年利润”“利润分配”“应交增值税明细账”等账户。

2. 登记期初余额

（1）三栏式明细账期初余额的登记。

在三栏式账页中“会计科目”一栏写明总分类科目,在“明细科目”一栏写明明细分类科目,其余项目填写与总账相同。三栏式明细账期初余额的登记见表3-5。

表 3-5 明 细 账

会计科目：应收账款
明细科目：ABC公司

2019年		凭证		摘 要	借 方	贷 方	借或贷	余 额
月	日	字	号					
12	1			期初余额			借	81 000.00

（2）数量金额式明细账期初余额的登记。

在数量金额式账页相应栏目中写明明细账户的名称，填写货物的品名、规格和计量单位等基础信息。在“日期”栏内，填写“×××× 年 ×× 月 1 日”；不必填制记账凭证字号；在“摘要”栏内,注明“上年结转”或“期初余额”字样；将原材料、库存商品明细账户结存数量、单价、金额分别填在“结存”栏内。数量金额式明细账期初余额的登记见表3-6。

表 3-6 明 细 账

类别________ 品名 甲材料 计量单位 公斤 规格________

2019年		凭证		摘 要	收入（借方）			发出（贷方）			结存（余额）		
月	日	字	号		数量	单价	金额	数量	单价	金额	数量	单价	金额
12	1			期初余额							100	30.00	3 000.00

（3）多栏式明细账期初余额的登记。

在“日期”栏内,填写“×××× 年 ×× 月 1 日”；不必填制记账凭证字号；在“摘要”栏内,注明“上年结转”或“期初余额”字样；将借方或贷方事项的明细科目及金额依次填入相关空格内；将余额填在“合计”栏内。多栏式明细账期初余额的登记见表3-7。

表 3-7 生产成本明细账

2019年		凭证		摘 要	合 计	（ ）方金额分析			
月	日	字	号			直接材料	直接人工	制造费用	
12	1			期初余额	6500.00	4000.00	2000.00	500.00	

三、原始凭证的填制

（一）原始凭证填制的基本要求

（1）真实可靠。即如实填列经济业务内容，不弄虚作假，不涂改、挖补。

（2）内容完整。即填写的项目要逐项填列齐全，不得遗漏和省略；尤其需要注意的是，年、月、日要按照填制原始凭证的实际日期填写；名称要写全，不得简化；品名或用途要填写明确，不许含糊不清；经办业务的有关部门和人员要认真审核，签章要齐全。

（3）填制及时。即每当一项经济业务发生或完成，都要立即填制原始凭证，做到不积压、不误时、不事后补制。

（4）书写规范。即字迹端正、易于辨认，做到数字书写符合会计上的技术要求，文字工整，不草、不乱、不"造"；复写的凭证，要不串格、不串行、不模糊。

（5）顺序使用。即收付款项或实物的凭证要按顺序或分类编号，在填制时按照编号的次序使用，跳号的凭证应加盖"作废"戳记，不得撕毁。

（二）原始凭证填制的具体要求

（1）从外单位取得的原始凭证，必须盖有填制单位的公章；从个人取得的原始凭证，必须有填制人员的签名或者盖章。自制原始凭证必须有经办部门负责人或其指定人员的签名或者盖章。对外开出的原始凭证，必须加盖本单位的公章。所谓"公章"，应是具有法律效力和规定用途，能够证明单位身份和性质的印鉴，如业务公章、财务专用章、发票专用章、收款专用章或结算专用章等。

（2）凡填有大写和小写金额的原始凭证，大写与小写的金额必须相符。

（3）购买实物的原始凭证，必须有验收证明。实物购入以后，要按照规定办理验收手续，这有利于明确经济责任，保证账实相符，防止盲目采购，避免物资短缺和流失。经过购买人以外的第三者查证核实以后，会计人员才能据以报销付款并做进一步的会计处理。

（4）支付款项的原始凭证，必须有收款单位和收款人的收款证明，不能仅以支付款项的有关凭证代替。

（5）一式几联的原始凭证，必须注明各联的用途，并且只能以一联用作报销凭证；一式几联的发票和收据，必须用双面复写纸套写，或本身具备复写功能，并连续编号，作废时应加盖"作废"戳记，连同存根一起保存。

（6）发生销货退回及退还货款时，必须填制退货发票，附有退货验收证明和对方单位的收款收据，不得以退货发票代替收据。如果情况特殊，可先用银行的有关凭证，如汇款回单等，作为临时收据，待收到收款单位的收款证明以后，再将其附在原付款凭证之后，作为正式原始凭证。

（7）职工公出借款的收据，必须附在记账凭证之后。职工公出借款时，应由本人按照规定填制借款单，由所在单位领导人或其指定的人员审核，并签名或盖章，然后办理借款。借款收据是此项借款业务的原始凭证，是办理有关会计手续、进行相应会计核算的依据。在收回借款时，应当另开收据或者退还借款收据的副本，不得退还原借款收据。

（8）经上级有关部门批准的经济业务，应当将批准文件作为原始凭证附件。如果批准文件需要单独归档的，应当在凭证上注明批准机关名称、日期和文件字号。

（9）发现原始凭证有错误的，应当由开出单位重开或者更正。在更正处应当加盖开出单位的公章。

（三）典型原始凭证填制演示

1. 增值税专用发票的填制

（1）项目齐全，与实际交易相符。

（2）购货单位的“名称”“地址、电话”“纳税人识别号”“开户行及账号”应填写全称，不得简写。

（3）纳税人开具专用发票必须预先加盖专用发票销货单位戳记，不得手工填写“销货单位”栏。用手工填写“销货单位”栏的，属于未按规定开具专用发票，购货方不得作为扣税凭证。

（4）字迹清楚，不得压线、错格。

（5）发票联和抵扣联加盖财务专用章或者发票专用章。

（6）按增值税纳税义务的发生时间开具。

（7）如填写错误，应另行开具专用发票，并在填误的专用发票上注明“误填作废”字样。如专用发票开具后，因购货方不索取而成为废票的，也应按填写有误处理。

对不符合上列要求的专用发票，购买方有权拒收。

增值税专用发票填制示例见图 3-2。

湖北增值税专用发票　№54237898

校验码：234457671098　　开票日期：2020 年 03 月 07 日

购货单位	名　　称：武汉市成功有限公司 纳税人识别号：230106755509980 地 址、电 话：武汉市洪山区南湖花园1号 开户行及账号：中国工商银行南湖新区支行 634728867013763			密码区	（略）		
货物或应税劳务名称	规格型号	单位	数量	单价	金额	税率	税额
复印机	P1z011	台	2	10 000	20 000	13%	2 600
合计					20 000		2 600
价税合计（大写）	⊗贰万贰仟陆佰元整				（小写）¥22 600.00		
销货单位	名　　称：武汉天晟股份有限公司 纳税人识别号：230879675412346 地 址、电 话：武汉市建设大道120号 027-88888888 开户行及账号：建设银行建设大道支行 01778996			备注	武汉天晟股份有限公司 230879675412346 发票专用章		

收款人：张进　　复核：李晓　　开票人：王思　　销售单位：(章)

第一联：记账联　销货方记账凭证

图3-2　增值税专用发票填制示例

2. 支票的填制

（1）支票必须使用碳素墨水或墨汁填写，书写时不能重笔。

（2）支票正本联的出票日期需用大写，金额要用大小写同时填写；支票存根联的出票日期和金额用小写，附加信息如无须特别说明的，一般不填。

（3）小写金额下的方框为密码区，应根据支付密码器生成的密码填写。

（4）支票正面应加盖银行预留的财务专用章和法人章，缺一不可。现金支票收款人如为本单位名称，背面“被背书人”栏内应加盖本单位的财务专用章和法人章。

（5）“收款人”“出票日期”和金额不得更改，更改则无效，发生错误时只能作废重开，作废支票的存根和正本部分应一并保存。

支票填制示例见图 3-3。

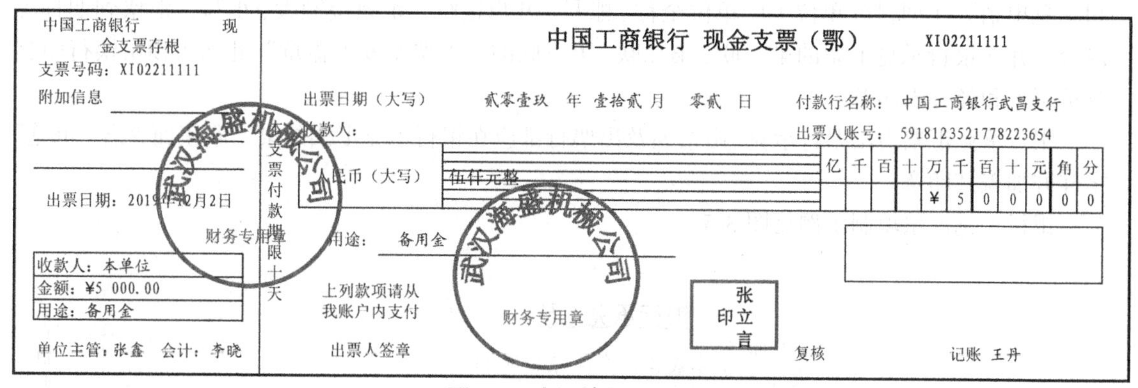

中国工商银行 现金支票存根

支票号码：XI02211111

附加信息

出票日期：2019年12月2日

收款人：本单位

金额：¥5 000.00

用途：备用金

单位主管：张鑫 会计：李晓

中国工商银行 现金支票（鄂） XI02211111

出票日期（大写） 贰零壹玖 年 壹拾贰 月 零贰 日 付款行名称：中国工商银行武昌支行

收款人： 出票人账号：5918123521778223654

支票付款期限十天

人民币（大写） 伍仟元整

亿	千	百	十	万	千	百	十	元	角	分
				¥	5	0	0	0	0	0

用途： 备用金

上列款项请从我账户内支付

出票人签章

武汉海盛机械公司 财务专用章

张印立言

复核 记账 王丹

图3-3 支票填制示例

3. 银行汇票的填制

汇票申请人开户银行签发银行汇票后，应将第二、三联交给申请人，申请人应认真审查：汇票上必须记载“银行汇票”字样，汇票金额、收款人名称是否与申请书一致，汇票日期、出票银行的“汇票专用章”及授权的经办人签章是否齐全，汇票实际结算金额栏的小写金额上端是否有压数机压印的出票金额。

将审核无误的银行汇票第二、三联上的实际结算金额与多余金额填写完整。如果实际结算金额小于出票金额，按实际结算金额填写，多余金额按差额填写；如果实际结算金额大于出票金额，则按出票金额填写。

用于支取现金的银行汇票，应在银行汇票第二联背面填上身份证号码和发证机关名称，凭身份证和有“现金”字样的银行汇票签字领款。用于转账的银行汇票，本单位不在银行汇票背面盖章。收款单位取得银行汇票后，在银行汇票背面被背书栏内加盖收款单位财务专用章和法人章，填写好银行进账单后连同该银行汇票交给收款单位的开户银行委托银行收款。

银行汇票填制示例见图 3-4。

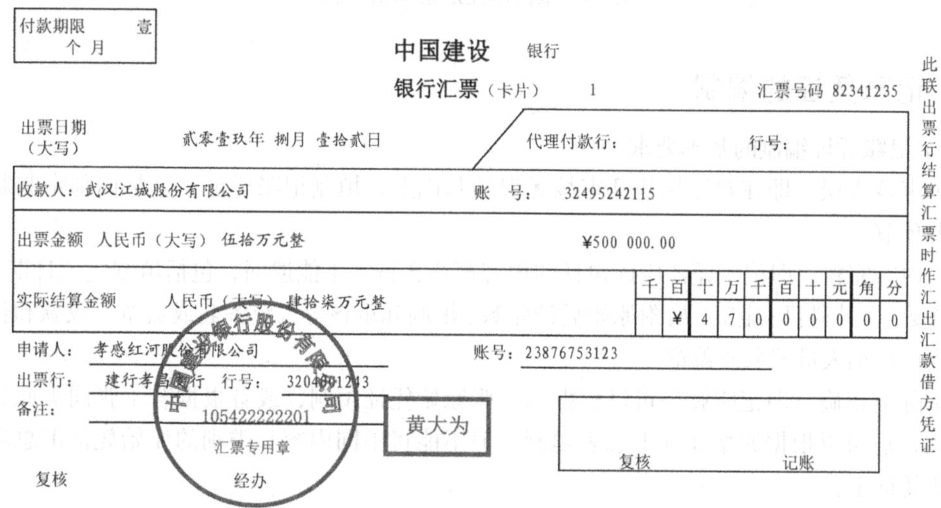

付款期限 壹个月

中国建设 银行

银行汇票（卡片） 1 汇票号码 82341235

出票日期（大写） 贰零壹玖年 捌月 壹拾贰日 代理付款行： 行号：

收款人：武汉江城股份有限公司 账 号： 32495242115

出票金额 人民币（大写） 伍拾万元整 ¥500 000.00

实际结算金额 人民币（大写） 肆拾柒万元整

千	百	十	万	千	百	十	元	角	分
	¥	4	7	0	0	0	0	0	0

申请人：孝感红河股份有限公司 账号：23876753123

出票行：建行孝昌支行 行号：3204001213

备注： 105422222201

中国建设银行股份有限公司 汇票专用章

黄大为

复核 经办

复核 记账

此联出票行结算汇票时作汇出汇款借方凭证

图3-4 银行汇票填制示例

4. 银行承兑汇票的填制

付款单位出纳员在填制银行承兑汇票时，应当逐项填写银行承兑汇票中签发日期，收款人和承兑申请人（即付款单位）的单位全称、账号、开户银行，汇票金额大、小写，汇票到期日等内容，并在银行承兑汇票的第一联、第二联、第三联的“汇票签发人盖章”处加盖预留银行印签及负责人和经办人印章。

银行承兑汇票由出票行承兑。出票人及出票行都应在银行承兑汇票的第二联正面签署“承兑”字样并加盖其印章。

银行承兑汇票填制示例见图3-5。

银行承兑汇票　2

出票日期（大写）　贰零贰零年 叁月 壹拾伍 日　　汇票号码

出票人全称	武汉江城股份有限公司	收款人	全称	孝感海天股份有限公司
出票人账号	32495242115		账号	32534256761
付款行全称	中国建设银行股份有限公司武汉分行		开户行	中国建设银行股份有限公司孝感分行
出票金额 人民币（大写）	玖万零肆百元整		亿 千 百 十 万 千 百 十 元 角 分	¥ 9 0 4 0 0 0 0
汇票到期日（大写）	贰零贰零年陆月壹拾伍日	付款行	行号	092772
承兑协议编号	WH009111		地址	武汉市洪山区
本汇票请你行承兑，到期无条件付款 武汉江城股份有限公司财务专用章　张一国 出票人签章 2020年 3 月 15 日	本汇票已经承兑，到期日由本行付款。 中国建设银行股份有限公司 汇票章 承兑行签章　105385442 承兑日期　2020 年 3 月 15 日 备注：			复核　记账

此联收款人开户行随托收凭证寄付款方作借方凭证附件

图3-5　银行承兑汇票填制示例

四、记账凭证的编制

（一）记账凭证编制的基本要求

（1）审核无误。即在对原始凭证审核无误的基础上，填制记账凭证，这是内部牵制制度的一个重要环节。

（2）内容完整。即记账凭证应该包括的内容都要齐备，不能遗漏，包括填制凭证日期、凭证编号、摘要、会计科目、金额、所附原始凭证张数、填制和审核等人员签名或盖章。收款和付款凭证还应当由出纳人员签名或盖章。

（3）分类正确。即记账凭证可以根据每一张原始凭证填制，或者根据若干张同类原始凭证汇总填制，也可以根据原始凭证汇总表填制，但不能将不同内容和类别的原始凭证汇总填制在一张记账凭证上。

（4）连续编号。即记账凭证应连续编号。这有利于分清会计事项处理的先后顺序，便于记账凭证与会计账簿之间的核对，确保记账凭证的完整。

（二）记账凭证编制的具体要求

1. 记账凭证日期的填写

记账凭证日期一般是填写会计人员填制记账凭证当天的日期，也可以根据管理需要，填写经济业务发生的日期或月末日期。因此，记账凭证日期可能与所附原始凭证的日期一致，也可能晚于原始凭证日期，但一定不能早于原始凭证日期。

2. 记账凭证编号的填写

每个月记账凭证都从第 1 号按经济业务顺序依次编号。通用记账凭证适用统一编号，即将全部凭证作为一类，统一进行编号；专用记账凭证适用分类编号，即每一类凭证都从第 1 号起依次进行编号。一笔经济业务需要填制两张以上记账凭证的，可以采用分数编号法编号。

3. 记账凭证摘要的填写

记账凭证的摘要栏是对经济业务的简要说明，填写的基本要求是真实准确、简明扼要。对于收、付款业务，要写明收、付款的对象及款项内容；使用支票的，还应填写支票的名称及号码。摘要如果在记账凭证的一行内写不下可以转到下一行，不受记账凭证行次限制。

4. 会计科目的填写

必须填写会计科目的全称，不得简写或只写会计科目的编号而不写名称，不得用省略号代替。如果涉及明细科目的也应一并填入，以便登记有关明细账。会计科目的对应关系要填写清楚，一般先填写借方科目，后填写贷方科目。

5. 金额的填写

记账凭证的金额必须与所附原始凭证的金额相符，合计数的借、贷方金额也必须相符。在合计数前要加写人民币符号“¥”，不是合计金额的不需填写货币符号。填写金额不得跳行，对多余空行应划斜线注销，斜线应从金额栏最后一笔金额数字下的空行从右上角至左下角划到合计数行上面的空行。

6. 原始凭证张数的填写

除结账和更正错误的记账凭证可以不附原始凭证外，其他记账凭证必须附有原始凭证。如果一张原始凭证涉及几张记账凭证，可以把原始凭证附在一张主要的记账凭证后面，并在其他记账凭证附件栏上注明“见第 ×× 号凭证”或者附原始凭证的复印件。所附原始凭证没有汇总的，按自然张数计算；原始凭证汇总的，按汇总单或汇总表的张数计算。

7. 记账凭证的签章

记账凭证填制完成后，要由有关人员签名或盖章，以示负责。签名时要写姓名全称，不得任意简化，以免混淆。一般程序是：凭证填制人员填制完成后在制单处先签章，再由稽核人员审核签章之后由会计主管人员复核后签章；对收、付款凭证，出纳员在办理款项收付后在出纳栏内签章，表明其对该款项已经进行了收付；最后，记账人员在根据审核无误的记账凭证登记账簿记账栏内签章。

8. 过账符号的填写

为了防止在记账过程中漏记或重复记账，记账人员在根据记账凭证登记有关明细账后，在记账符合栏内标注“√”或填上过入账户所在账簿的页数，表示已经登记入账。

9. 错误记账凭证的更正

（1）填制记账凭证时若发生错误，应当重新填制。

（2）已经登记入账的记账凭证在当年内发现填写错误时，可以用红字填写一张与原内容相同的记账凭证，在摘要栏注明“注销某月某日某号凭证”字样，同时再用蓝字重新填写一张正确的记账凭证，注明“订正某月某日某号凭证”字样。

（3）如果会计科目没有错误只是金额错误，也可以将正确数字与错误数字之间的差额，另编制一张调整的记账凭证，调增金额用蓝字，调减金额用红字。

（4）发现以前年度记账凭证有错误的，应当用蓝字填制一张更正的记账凭证。

五、会计账簿的登记

（一）登记账簿的基本要求

1. 内容准确完整

登记会计账簿时，应当将会计凭证日期、编号、业务内容摘要、金额和其他有关资料逐项计入账内，做到数字准确、摘要清楚、登记及时、字迹工整。对于每一项会计事项，一方面要计入有关的总账；另一方面要计入该总账所属的明细账。账簿记录中的日期，应该填写记账凭证上的日期；以自制的原始凭证（如收料单、领料单等）作为记账依据的，账簿记录中的日期应按有关自制凭证上的日期填列。

2. 登记账簿要及时

登记账簿的间隔时间应该多长，没有统一的规定，这要根据本单位所采用的具体会计核算形式而定，总的来说是越短越好。一般情况下，明细账的登记时间间隔要短于总账，日记账和债权债务明细账一般一天就要登记一次。现金、银行存款日记账，应根据收、付款记账凭证，随时按照业务发生顺序逐笔登记，每日终了应结出余额。经管现金和银行存款日记账的专门人员，必须每日掌握银行存款和现金的实有数，谨防开出空头支票和影响经营活动的正常用款。

3. 注明记账符号

登记完毕后，要在记账凭证上签名或者盖章，并注明已经记账的符号，表示已经记账。在记账凭证上设有专门的栏目应注明记账的符号，以免发生重记或漏记。

4. 书写留空

账簿中书写的文字和数字上面要留有适当空格，不要写满格，一般应占格距的1/2。这样，在一旦发生登记错误时，能比较容易地进行更正，同时也方便查账工作。

5. 正常记账使用蓝黑墨水

登记账簿要用蓝黑墨水或者碳素墨水书写，不得使用圆珠笔（银行的复写账簿除外）或者铅笔书写。在会计上，数字的颜色是重要的语素之一，它同数字和文字一起传达出会计信息，书写墨水的颜色用错了，其导致的概念混乱不亚于数字和文字的错误。

6. 特殊记账使用红墨水

对登记账簿中使用红色墨水的问题，依据财政部会计基础工作规范，下列情况，可以用红色墨水记账：按照红字冲账的记账凭证，冲销错误记录；在不设借贷等栏的多栏式账页中，登记减少数；在三栏式账户的余额栏前，如未印明余额方向的，在余额栏内登记负数余额；根据国家统一会计制度的规定可以用红字登记的其他会计记录。

7. 顺序连续登记

各种账簿应按页次顺序连续登记，不得跳行、隔页。如果发生跳行、隔页，应当将空行、空页划线注销，或者注明“此行空白”“此页空白”字样，并由记账人员签名或者盖章。这对避免在账簿登记中可能出现的漏洞，是十分必要的防范措施。

8. 结出余额

凡需要结出余额的账户，结出余额后，应当在“借或贷”等栏内写明“借”或者“贷”等字样。没有余额的账户，应当在“借或贷”等栏内写“平”字，并在余额栏内用“θ”表示。现金日记账和银行存款日记账必须逐日结出余额。一般说来，对于没有余额的账户，在余额栏内标注的“θ”应当放在“元”位。

9. 登记出错

登记发生错误时，必须按规定方法更正，严禁刮、擦、挖、补，或使用化学药物清除字迹。发现差错必须根据差错的具体情况采用划线更正、红字更正、补充登记等方法更正。

10. 过次承前

每一账页登记完毕结转下页时，应当结出本页合计数及余额，写在本页最后一行和下页第一行有关栏内，并在摘要栏内注明“过次页”和“承前页”字样；也可以将本页合计数及金额只写在下页第一行有关栏内，并在摘要栏内注明“承前页”字样。也就是说，过次页和承前页的方法有两种：一是在本页最后一行内结出发生额合计数及余额，然后过次页并在次页第一行承前页；二是只在次页第一行承前页写出发生额合计数及余额，不在上页最后一行结出发生额合计数及余额后过次页。

11. 定期打印

实行会计电算化的单位，总账和明细账应当定期打印。发生收款和付款业务的，在输入收款凭证和付款凭证的当天必须打印出现金日记账和银行存款日记账，并与库存现金核对无误。这是因为在以机器或其他磁性介质储存的状态下，各种资料或数据的直观性不强，而且信息处理的过程不明，不便于进行某些会计操作和进行内部或外部审计，对会计信息的安全和完整也不利。

（二）登记账簿的具体要求

1. 日记账的登记

（1）现金日记账的登记。现金日记账通常由出纳人员根据审核后的现金收、付款凭证，逐日逐笔顺序登记。同时，由其他会计人员根据收、付款凭证，汇总登记总分类账。对于从银行提取现金的业务，由于只填制银行存款付款凭证，不填制现金收款凭证，因而现金的收入数，应根据银行存款付款凭证登记。每日收付款项逐笔登记完毕后，应分别计算现金收入和支出的合计数及账面的结余额，并将现金日记账的账面余额与库存现金实存数相核对，借以检查每日现金收、支和结存情况。

（2）银行存款日记账的登记。银行存款日记账，应按各种存款分别设置。银行存款日记账通常也是由出纳员根据审核后的有关银行存款收、付款凭证，逐日逐笔顺序登记的。对于现金存入银行的业务，存款的收入数，应根据现金付款凭证登记。每日终了，应分别计算银行存款收入、付出的合计数和本日余额，以便于检查监督各项收支款项，并便于定期同银行对账单逐笔核对。

2. 明细账的登记

明细账的登记通常有以下几种：根据原始凭证直接登记、根据汇总原始凭证登记、根据记账凭证登记。明细账可以每天登记，也可以定期（3天或5天）登记。但固定资产、债权、债务等明细账应当逐日逐笔登记，以便随时与对方单位结算，核对库存余额；库存商品、原材料、产成

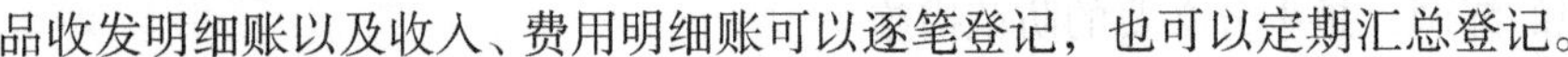

品收发明细账以及收入、费用明细账可以逐笔登记，也可以定期汇总登记。

3. 总账的登记

总账的登记方法是由单位所采用的账务处理程序所决定的。在不同的账务处理程序下，总账的登记依据和方法也有所不同。总分类账可以依据记账凭证、汇总记账凭证、科目汇总表等进行登记。采用记账凭证账务处理程序的，直接根据记账凭证定期（3天、5天或10天）登记总分类账；采用汇总记账凭证账务处理程序的，定期根据记账凭证分类编制汇总收款凭证、汇总付款凭证和汇总转账凭证，再根据汇总记账凭证登记总分类账；采用科目汇总表账务处理程序的，根据记账凭证定期编制科目汇总表，再根据科目汇总表登记总分类账。

六、更正错账

如果发现账簿记录有错误，应按规定的方法进行更正。错账的更正方法一般有划线更正法、红字更正法和补充登记法三种。

（一）划线更正法

1. 适用范围

划线更正又称红线更正。在结账以前，如果发现账簿记录有错误，而其所依据的记账凭证没有错误，即纯属记账时文字或数字的笔误，应采用划线更正的方法进行更正。

2. 更正方法

首先在错误的文字或数字上划一条红色横线注销，但必须使原有字迹仍可辨认，以备查找；然后在错误文字或数字上方空白处用蓝黑墨水填写正确的文字或数字，并由更正人员在更正处盖章，以明确责任。

需要特别说明的是，对于文字错误，可只划去错误的部分；对于错误的数字，应当全部划红线更正，不得只更正其中的错误数字。

（二）红字更正法

1. 适用范围

红字更正法适用于两种情况：一是根据记账凭证登账以后，发现凭证中的应借、应贷科目有错误；二是根据记账凭证登账以后，发现凭证中的应借、应贷科目正确，但所记金额大于应记的正确金额。

2. 更正方法

第一种情况的更正方法是：先用红字金额填制一张与原错误记账凭证完全相同的记账凭证，凭证日期按编制红字凭证的实际日期填写，编号按当前凭证的顺序编号，摘要栏内注明“冲销某月某日某某号错误凭证”，并据此用红字登记入账，以冲销原有的错误记录；然后用蓝字填制一张正确的记账凭证，摘要栏内注明“更正某月某日某某号错误凭证”，并据以登记入账。

第二种情况的更正方法是：用红字按多记的金额填制一张应借、应贷科目与原错误记账凭证完全相同的记账凭证，以冲销多记的金额，摘要栏内注明“冲销某月某日某某号凭证多记金额”，并据以登记入账。

（三）补充登记法

1. 适用范围

如果记账后发现记账凭证所用会计科目正确，但所记金额小于应记金额，则可以运用补充登记法进行更正。

2. 更正方法

按少记的金额用蓝字编制一张应借、应贷科目与原错误记账凭证完全相同的记账凭证，摘要栏内注明“补充某月某日某某号凭证少记金额”，并据以登记入账。

七、对账和结账

（一）对账

1. 账证核对

账证核对主要是核对会计账簿记录与原始凭证、记账凭证的时间、凭证字号、内容、金额是否一致，记账方向是否相符。这种核对一般是在日常编制凭证和记账过程中进行，以检查所记账目是否正确。月终如果发现账证不符，也可以再将账簿记录与有关会计凭证进行核对，以保证账证相符。

2. 账账核对

账账核对是指核对不同会计账簿之间的账簿记录是否相符。

（1）总账核对。总账各账户的本期借、贷方发生额合计数，期末借、贷方余额合计数应核对相符，以检查总分类账户的登记是否相符。

（2）总账与所属明细账核对。总账各账户的期末余额与其所属明的各明细账的期末余额之和应核对相符。

（3）总账与日记账核对。现金、银行存款总分类账的期末余额应分别与现金日记账和银行存款日记账的期末余额核对相符。

（4）明细账之间的核对。会计部门的各种财产物资明细账的期末余额与财产物资保管和使用部门有关明细账的期末余额应核对相符。

3. 账实核对

账实核对是指核对会计账簿记录与财产物资、债权债务等实有数额是否相符。主要包括：现金日记账账面余额与库存现金数额的核对；银行存款日记账账面余额与银行对账单的核对；各项财产物资明细账账面余额与财产物资的实有数额的核对；有关债权债务明细账账面余额与对方单位的账面记录的核对。

（二）结账

1. 结账的内容

（1）结清各种损益类账户，并据以计算确定本期利润。

（2）结清各资产、负债和所有者权益账户，分别结出本期发生额合计和余额。

2. 结账的程序

（1）将本期发生的经济业务事项全部登记入账，并保证其正确性。

（2）根据权责发生制的要求，调整有关账项，合理确定本期应计的收入和应计的费用。

（3）将损益类科目转入“本年利润”科目，结平所有损益类账户。

（4）结算出资产、负债和所有者权益账户的本期发生额和余额，并结转下期。

3. 结账的方法

（1）对不需按月结计本期发生额的账户，如各项应收、应付款以及各项财产物资明细账等，每次记账以后，都要随时结出余额，每月最后一笔余额即为月末余额。月末结账时，只需要在最后一笔经济业务事项记录之下划通栏单红线，不需要再结计一次余额。

（2）现金、银行存款日记账和需要按月结计发生额的收入、费用等明细账，每月结账时，要结出本月发生额和余额，在摘要栏内注明“本月合计”字样，并在下面划通栏单红线。

（3）需要结计本年累计发生额的某些明细账户，如收入、成本明细账等，每月结账时，应在“本月合计”行下结出自年初起至本月末止的累计发生额，登记在月份发生额下面，在摘要栏内注明“本年累计”字样，并在下面划通栏单红线。注意：12月末的“本年累计”就是全年累计发生额，全年累计发生额下划通栏双红线。

（4）总账账户平时只需结出月末余额。年终结账时，将所有总账账户结出全年发生额和年末余额，在摘要栏内注明“本年合计”字样，并在合计数下划通栏双红线。

（5）年度终了结账时，有余额的账户，要将其余额结转下年，并在摘要栏注明“结转下年”字样；在下一会计年度新建有关会计账户的第一行余额栏内填写上年结转的余额，并在摘要栏注明“上年结转”字样。

八、财务报表的编制

（一）编制财务报表的基本要求

1. 遵循各项会计准则进行确认和计量

企业应当根据实际发生的交易和事项，遵循各项具体准则进行确认和计量，并在此基础上编制财务报表。企业应当在附注中对遵循企业会计准则编制的财务报表做出声明，只有遵循了企业会计准则的所有规定时，财务报表才应当被称为“遵循了企业会计准则”。

2. 列报基础

企业应当以持续经营为基础，持续经营是会计的基本前提，是会计确认、计量及编制财务报表的基础；相反，如果企业经营出现了非持续经营，致使以持续经营为基础编制财务报表不再合理，企业应当在附注中披露导致对持续经营能力产生重大怀疑的重要的不确定因素。

3. 重要性和项目列报

财务报表是通过对大量的交易或其他事项进行处理而生成的，这些交易或其他事项按其性质或功能汇总归类而形成财务报表中的项目。关于项目在财务报表中是单独列报还是合并列报，应当依据重要性原则来判断。总的原则是，如果某项目单个看不具有重要性，则可将其与其他项目合并列报；如果具有重要性，则应当单独列报。

4. 列报的一致性

可比性是会计信息质量的一项重要质量要求，目的是使同一企业不同期间和同一期间不同企业的财务报表相互可比。为此，财务报表项目的列报应当在各个会计期间保持一致，不得随意变更，这一要求不仅只针对财务报表中的项目名称，还包括财务报表项目的分类、排列顺序等方面。

5. 财务报表项目金额间的相互抵销

财务报表项目应当以总额列报，资产和负债、收入和费用不能相互抵销，即不得以净额列报，但企业会计准则另有规定的除外。这是因为，如果相互抵销，所提供的信息就不完整，信息的可比性大为降低，难以在同一企业不同期间以及同一期间不同企业的财务报表之间实现相互可比，报表使用者难以据此做出判断。

6. 比较信息的列报

企业在列报当期财务报表时，至少应当提供所有列报项目上可比会计期间的比较数据，以及与理解当期财务报表相关的说明，目的是向报表使用者提供对比数据，提高信息在会计期间的可比性，以反映企业财务状况、经营成果和现金流量的发展趋势，提高报表使用者的判断与决策能力。

7. 财务报表表首的列报要求

财务报表一般分为表首、正表两部分，其中，在表首部分应当概括地说明下列基本信息：编报企业的名称，如企业名称在所属当期发生了变更的，还应明确标明；对资产负债表而言，须披露报表涵盖的会计期间；货币名称和单位，按照我国企业会计准则的规定，企业应当以人民币作为记账本位币列报，并标明金额单位，如人民币元、人民币万元等；财务报表是合并财务报表的，应当予以标明。

8. 报告期间

企业至少应当编制年度财务报表。根据《中华人民共和国会计法》的规定，会计年度自公历1月1日起至12月31日止。因此，在编制年度财务报表时，可能存在年度财务报表涵盖的期间短于一年的情况，比如企业在年度中间（如3月1日）设立等，在这种情况下，企业应当披露年度财务报表的实际涵盖期间及其短于一年的原因，并应当说明由此引起财务报表项目与比较数据不具有可比性这一事实。

（二）资产负债表的编制

通常资产负债表的各项目均需填列“年初数”和“期末数”两栏。

资产负债表“年初数”内各项数字,应根据上年末资产负债表“期末数”栏内所列数字填写。如果本年度资产负债表规定的各个项目的名称和内容同上年度不一致，按调整后数字填入资产负债表“年初数”栏内。

资产负债表“期末数”栏内的各项数字应根据资产、负债和所有者权益类账户的期末余额填列，具体填列方式主要有以下几种：

1. 根据总账账户余额直接填列

资产负债表各项目的数据来源，主要是根据总账账户期末余额直接填列，如“交易性金融资产”项目,根据“交易性金融资产”总账账户的期末余额直接填列;“短期借款”项目,根据“短期借款”总账账户的期末余额直接填列等。

2. 根据几个总账账户余额分析计算填列

资产负债表某些项目需要根据若干个总账账户的期末余额计算填列，如“货币资金”项目，根据“库存现金”“银行存款”“其他货币资金”账户的期末余额的合计数填列。

3. 根据明细账户余额计算填列

资产负债表某些项目需要根据有关账户所属的相关明细账户的期末余额计算填列，如“应付账款”项目，根据“应付账款”“预付账款”账户所属相关明细账户的期末贷方余额计算填列。

4. 根据总账账户及所属明细账户的余额分析计算填列

资产负债表某些项目需要根据总账账户及所属明细账户余额分析计算填列，如“长期借款”

项目，根据“长期借款”总账账户余额扣除“长期借款”账户所属的明细账户中反映的将于一年内到期的长期借款部分分析计算填列。

5. 根据有关资产类账户余额减去其备抵账户后的净额填列

如“无形资产”项目，按照“无形资产”账户的期末余额减去“累计摊销”“无形资产减值准备”账户期末余额后的净额填列，以反映无形资产的期末可收回金额。

（三）利润表的编制

利润表中的“本月数”栏反映各项目的本月实际发生数，按照有关账户的本期净发生额填列。利润表中的“本年累计数”栏的各项目，反映自年初起至本月末止的累计实际发生数。

在编报中期财务报告时，填列上年同期累计实际发生数；在编制年度财务会计报告时，填列上年全年累计实际发生数，并将“本月数”栏改成“上年数”栏。如果上年度利润表的项目名称和内容与本年度利润表不相一致，应对上年度报表项目的名称和数字按本年度的规定进行调整，填入报表的“上年数”栏。

（1）以“营业收入”为基础，减去“营业成本”“税金及附加”“销售费用”“管理费用”“研发费用”“财务费用”，加上“其他收益”、“投资收益”（损失以“–”号填列）、“净敞口套期收益”（损失以“–”号填列）、“公允价值变动收益”（损失以“–”号填列）、“信用减值损失”（损失以“–”号填列）、“资产减值损失”（损失以“–”号填列）和“资产处置收益”（损失以“–”号填列），计算出“营业利润”。

（2）以“营业利润”为基础，加上“营业外收入”，减去“营业外支出”，计算出“利润总额”，如为亏损总额，以“–”号填列。

（3）以“利润总额”为基础，减去“所得税费用”，计算出“净利润”。

（四）现金流量表的编制

编制现金流量表的方法主要指两个方面：一方面是，如何计算经营活动产生的现金净流量；另一方面是，采用何种会计技术方法去编制现金流量表。

1. 计算经营活动现金净流量的方法主要有直接法和间接法

在直接法下，一般是以利润表中的营业收入为起算点，调节与经营活动有关的项目的增减变动，然后计算出经营活动产生的现金流量。在间接法下，将净利润调节为经营活动现金流量，实际上就是将按权责发生制原则确定的净利润调整为现金净流入，并剔除投资活动和筹资活动对现金流量的影响。

2. 编制现金流量表的方法有工作底稿法和T型账户法

采用工作底稿法编制现金流量表就是以工作底稿为手段，以利润表和资产负债表数据为基础，对每一项目进行分析并编制调整分录，从而编制现金流量表。采用工作底稿法编制现金流量表的程序是：

第一步，将资产负债表的期初数和期末数过入工作底稿的期初数栏和期末数栏。

第二步，对当期业务进行分析并编制调整分录。

第三步，将调整分录过入工作底稿中的相应部分。

第四步，核对调整分录，借贷合计应当相等，资产负债表项目期初数加减调整分录中的借贷金额以后，应当等于期末数。

第五步，根据工作底稿中的现金流量表项目部分编制正式的现金流量表。

采用T型账户法就是以T型账户为手段，以利润表和资产负债表数据为基数，对每一项目进行分析并编制调整分录，从而编制现金流量表。采用T型账户法编制现金流量表的程序如下：

第一步，为所有的非现金项目（包括资产负债表项目和利润表项目）分别开设T型账户，并将各自的期末期初变动数过入各个账户。

第二步，开设一个大的"现金及现金等价物"T型账户，每边分别为经营活动、投资活动和筹资活动三个部分，左边记现金流入，右边记现金流出。与其他账户一样，过入期末期初变动数。

第三步，以利润表项目为基数，结合资产负债表分析每一个非现金项目的增减变动，并据此编制调整分录。

第四步，将调整分录过入各T型账户并进行核对，该账户借贷相抵后的余额与原先过入的期末期初变动数应当一致。

第五步，根据大的"现金及现金等价物"T型账户编制正式的现金流量表。

九、归档及档案保管

会计档案是指：单位在进行会计核算等过程中接收或形成的，记录和反映单位经济业务事项的，具有保存价值的文字、图表等各种形式的会计资料，包括通过计算机等电子设备形成、传输和存储的电子会计档案。

（一）会计档案的归档

单位的会计机构或会计人员所属机构（以下统称单位会计管理机构）按照《会计档案管理办法》规定的归档范围和归档要求，负责定期将应当归档的会计资料整理立卷，编制会计档案保管清册。

当年形成的会计档案，在会计年度终了后，可由单位会计管理机构临时保管1年，再移交单位档案管理机构保管。因工作需要确需推迟移交的，应当经单位档案管理机构同意。单位会计管理机构临时保管会计档案最长不超过3年。临时保管期间，会计档案的保管应当符合国家档案管理的有关规定，且出纳人员不得兼管会计档案。

单位会计管理机构在办理会计档案移交时，应当编制会计档案移交清册，并按照国家档案管理的有关规定办理移交手续。纸质会计档案移交时应当保持原卷的封装。电子会计档案移交时应当将电子会计档案及其元数据一并移交，且文件格式应当符合国家档案管理的有关规定。特殊格式的电子会计档案应当与其读取平台一并移交。单位档案管理机构接收电子会计档案时，应当对电子会计档案的准确性、完整性、可用性、安全性进行检测，符合要求的才能接收。

（二）会计档案的保管

会计档案的保管期限分为永久和定期两类。定期保管期限一般分为10年和30年。会计档案的保管期限，从会计年度终了后的第一天算起。单位应当定期对已到保管期限的会计档案进行鉴定，并形成会计档案鉴定意见书。经鉴定，仍需继续保存的会计档案，应当重新划定保管期限；对保管期满，确无保存价值的会计档案，可以销毁。企业各种会计档案的保管期限如表3-8

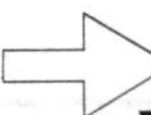

所示。

表 3-8　企业和其他组织会计档案保管期限表

序号	档案名称	保管期限	备注
一、会计凭证			
1	原始凭证	30 年	
2	记账凭证	30 年	
二、会计账簿			
3	总账	30 年	
4	明细账	30 年	
5	日记账	30 年	
6	固定资产卡片		固定资产报废清理后保管 5 年
7	其他辅助性账簿	30 年	
三、财务会计报告			
8	月度、季度、半年度财务会计报告	10 年	
9	年度财务会计报告	永久	
四、其他会计资料			
10	银行存款余额调节表	10 年	
11	银行对账单	10 年	
12	纳税申报表	10 年	
13	会计档案移交清册	30 年	
14	会计档案保管清册	永久	
15	会计档案销毁清册	永久	
16	会计档案鉴定意见书	永久	

第四部分　模拟实训企业概况

一、企业基本情况

公司名称：武汉天威机械设备有限公司

公司性质：有限责任公司

法人代表：赵壹

注册资金：人民币捌佰万元整

其中：武汉机械实业公司占 70%

赵壹占 30%

经营地址：武汉市硚口区建设大道 100 号

联系电话：027-83838888

税务登记号：420000111222333（增值税一般纳税人）

经营范围：主要从事机械产品的生产和销售

该公司银行开户及证券公司开户情况如下：

基本存款账户：中国工商银行武汉古田支行　　账号：3202004300123456789

美元结算账户：中国农业银行武汉水厂路支行　　账号：17016900444555666

证券资金账户：长江证券汉西一路营业部　　账号：385—54321

二、组织结构及财务人员情况

（一）组织结构

按照有限责任公司的规定，武汉天威机械设备有限公司的权利机构为股东会。公司设立董事会对股东会负责，董事长赵壹为公司的法定代表人。公司设经理对董事会负责，总经理由董事长赵壹兼任，下设副总经理 3 人，共有职工 82 人。武汉天威机械设备有限公司的组织结构如图 4-1 所示。

公司共有三个基本生产车间和一个辅助生产车间，基本生产车间的名称为一车间、二车间、装配车间。

1. 一车间

性质：基本生产车间。

功能：生产低速齿轮、中间齿轮两种产品，对原材料进行车削加工、滚齿、插键槽等工序。

主要设备：C5160 立式车床、H2000 滚齿机、H1250 滚齿机。

主要原材料：$45^{\#}$ 铸钢件、机油。

投料方式：生产开始时一次性投入 $45^{\#}$ 铸钢件。

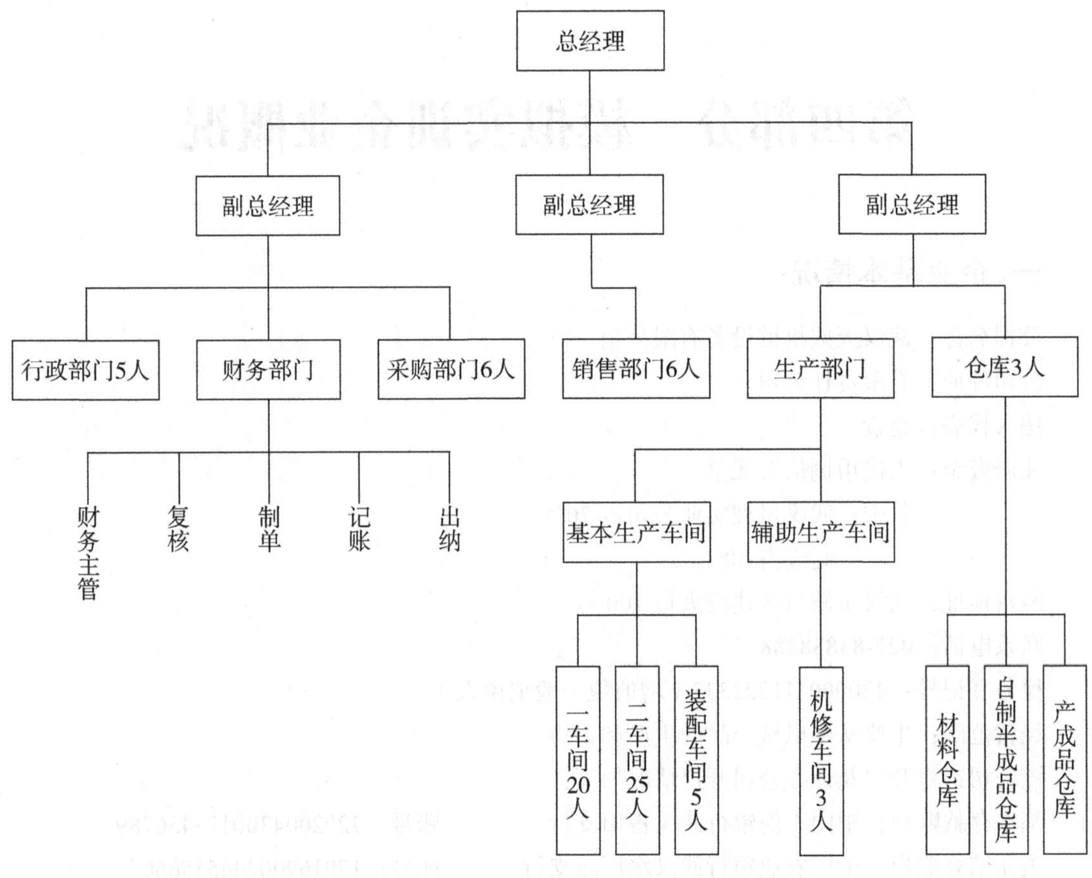

图4-1　武汉天威机械设备有限公司组织机构

2. 二车间

性质：基本生产车间。

功能：生产中间齿轮轴、高速齿轮两种产品，对原材料进行车削加工、铣齿、铣键槽等工序。

主要设备：C630 卧式车床、B-1 铣齿机、B-2 铣齿机。

主要原材料：45# 圆钢、机油。

投料方式：生产开始时一次性投入 45# 圆钢。

3. 装配车间

性质：基本生产车间。

功能：清洗、打磨、包装产成品。

主要工具：打磨工具。

主要原材料：经加工车间加工完成的半成品、柴油。

投料方式：生产开始时一次性投入。

4. 机修车间

性质：辅助生产车间。

功能：负责全公司机器设备的维修。

（二）财务人员情况

财务主管：钱贰。承担财务部门的领导组织工作；负责会计软件的初始建账工作；负责编制资产负债表、利润表和现金流量表；负责财务分析工作；负责空白票据及支票的管理，并保管一枚财务专用章。

复核：孙叁。负责各种原始凭证、记账凭证和财务报表的审核。

制单：李肆。负责全部会计记录工作，编制记账凭证，并将记账凭证输入计算机系统；负责月末转账凭证（机制凭证）的生成工作；负责整理装订记账凭证。

记账：周伍。兼综合业务处理，负责财产物资的收发、增减计算；负责成本费用计算；负责财产物资清查、往来款项管理等工作；负责财务成果核算；负责登记账簿工作；负责整理会计账簿。

出纳：吴陆。负责现金、银行存款日记账的登记；按规定办理货币资金收付手续，填写银行结算凭证；负责登记银行结算票据备查簿、有价证券备查簿；负责保管库存现金、有价证券，并保管一枚法人代表专用章；负责编制工资发放表及工资汇总表；负责编制各种税收申报表和养老保险申报表，并缴纳各种税费。

三、生产工艺流程

公司主要生产销售用于减速机的低速齿轮、中间齿轮、中间齿轮轴及高速齿轮。按产品品种反映生产工艺流程如下。

（一）低速齿轮、中间齿轮

第一步骤：一车间从材料仓库领用45#铸钢件、机油等原材料，进行车削加工、滚齿、插键槽等工序，见图4-2。

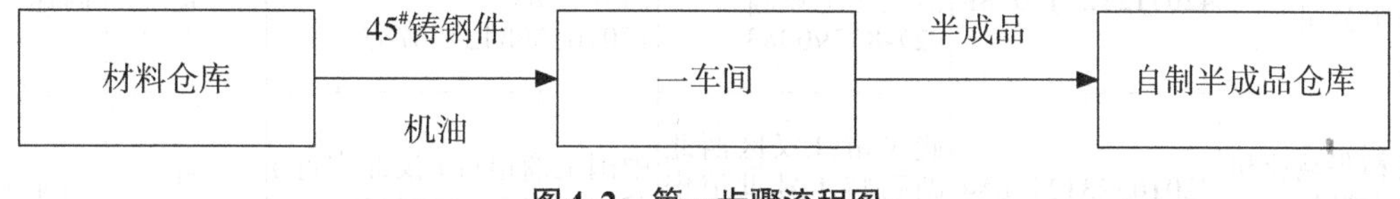

图4-2　第一步骤流程图

第二步骤：装配车间分别从材料仓库和自制半成品仓库领用柴油、包装物和半成品，进行清洗、打磨、包装，完成产品生产，见图4-3。

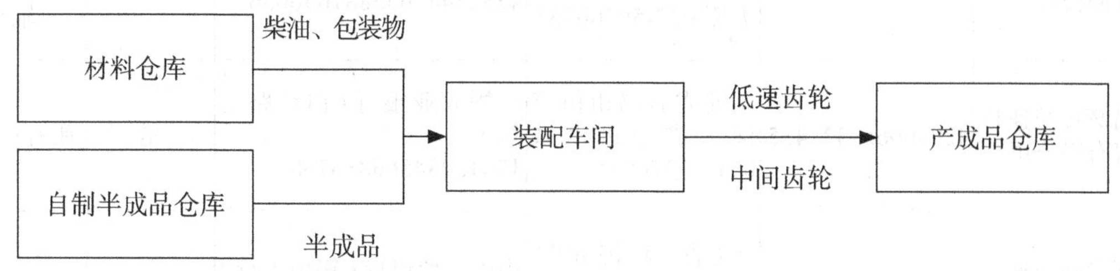

图4-3　第二步骤流程图

（二）中间齿轮轴、高速齿轮

第一步骤：二车间从材料仓库领用45#圆钢、机油等原材料，进行车削加工、铣齿、铣键槽等工序，见图4-4。

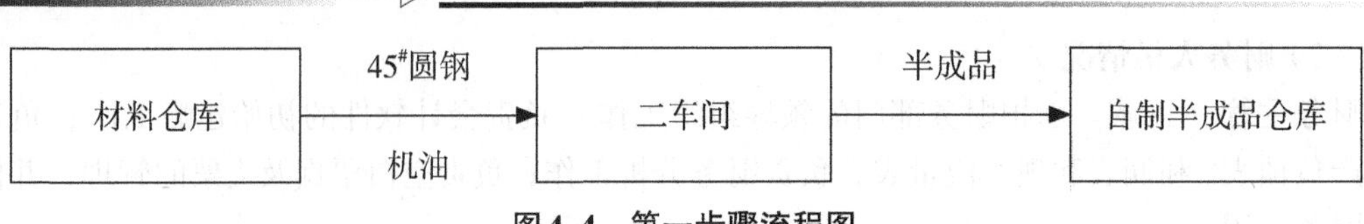

图4-4　第一步骤流程图

第二步骤：装配车间分别从材料仓库和自制半成品仓库领用柴油、包装物和半成品，进行清洗、打磨、包装，完成产品生产，见图 4-5。

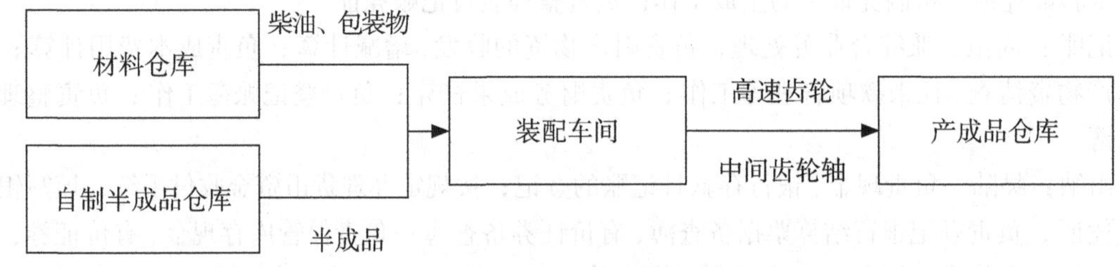

图4-5　第二步骤流程图

四、模拟企业往来客户资料

客户资料和供应商资料见表 4-1，表 4-2。

表 4-1　客户资料

单位名称	税务登记号	地址、电话	开户银行及账号	是否为一般纳税人	业务往来
武汉博力液压技术有限公司	420112123456789	东西湖区金北二路信诚达工业园 027-83390983	中国农业银行（武汉吴家山分理处）17016365342435765	是	高速齿轮
武汉精华减速机制造有限公司	420103231245654	武汉市江汉区西北湖路特 1 号世纪华庭 027-85356087	中国工商银行（汉北支行）43005432143532445 5	是	高速齿轮
武汉优特减速机械有限公司	420106756989456	武汉市武昌区武珞路 717 号兆富国际大厦 027-59700353	中国建设银行（省直支行）42325443655887656656	是	中间齿轮、中间齿轮轴
宜昌辉煌减速机销售有限公司	420500657321435	湖北省宜昌市伍家岗区鑫鼎机电城 0717-6570575	中国农业银行（白沙路支行）17015434566886768	是	所有产品
江苏泰强减速机有限公司	320205654765342	江苏省无锡市锡山区汇坚国际五金机电城 0510-66813622	中国工商银行（锡山支行）32543425668880013545	是	低速齿轮
德州宇鑫机械设备制造有限公司	371402886545324	山东省德州市德城区天衢工业园 0534-2359001	中国工商银行（新华路支行）37140546688345320 77	是	所有产品

（续表）

单位名称	税务登记号	地址、电话	开户银行及账号	是否为一般纳税人	业务往来
天津市正平机械新技术有限公司	120113435657766	天津市北辰区津围公路小淀工业区 022-26740211	中国建设银行(万科新城支行)12435565480767668788	是	所有产品
上海诺广机械有限公司	310100978675645	上海市大统路988号 021-66288361	中国建设银行(闸北支行)31005645765544365879	是	低速齿轮

表 4-2　供应商资料

单位名称	税务登记号	地址、电话	开户银行及账号	是否为一般纳税人	业务往来
南京金属材料有限公司	320111564566433	南京市浦口区服装城 025-58302455	中国工商银行(高新区支行)3202988788654243234	是	45# 铸钢件
成都市盛世贸易有限公司	510101231432545	成都市成都大石西路239号 028-80613456	中国工商银行(大石西路支行)51005443566347832	是	45# 铸钢件
泊头市重工机械有限公司	130900989768543	河北省沧州市泊头市交河镇王庄 0317-8033939	中国农业银行(河西分理处)13090378655887634	是	45# 圆钢
山东聊城丰达物资有限公司	371502545766834	山东省聊城市新南环百亿钢管物流城 0635-8618128	中国建设银行(水城支行)37157654885674563778	是	45# 圆钢
武汉机床厂	420062543902182	武汉市东西湖区五环路19号 027-83783640	中国建设银行(东西湖支行)42010033617942208115	是	机床
武汉保利龙塑胶有限公司	420338810934290	武汉市蔡甸区官塘工业园136号 027-84453020	中国工商银行(蔡甸支行)3202345311764947145	是	包装物
武汉创圣润滑油有限公司	420112453768655	武汉市东西湖台商工业园 027-83397389	中国建设银行(东西湖支行)42010088976455778867	是	柴油、机油

五、账务处理程序

企业根据业务量的大小确定账务处理程序，本书采用科目汇总表账务处理核算程序（图4-6）。

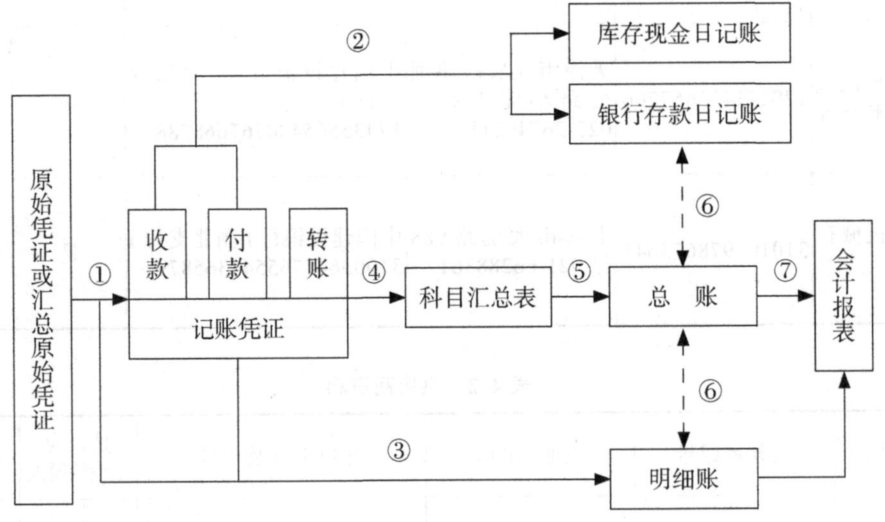

图4-6　账务处理程序

注：——►表示填制、登记或编表◄- -►表示核对。

①根据原始凭证或汇总原始凭证填制记账凭证。

②根据收款凭证和付款凭证登记库存现金、银行存款日记账。

③根据原始凭证、汇总原始凭证或记账凭证登记各种明细分类账。

④根据记账凭证定期编制科目汇总表。

⑤根据科目汇总表登记总分类账。

⑥根据对账要求，定期将总分类账与日记账、明细分类账相核对，并结账。

⑦根据总账和明细账等有关资料编制会计报表。

六、企业会计政策

（一）记账本位币

公司以人民币为记账本位币，核算中，金额计算保留至分位。

（二）货币资金

公司分别按不同的银行存款账户设置日记账。库存现金限额为10 000元。现金的使用范围按《现金管理暂行条例》的规定执行。

（三）备用金核算

采购员及其他职工出差预支差旅费，回公司后报销。

（四）外币业务的核算

外币业务按发生当日的即期汇率折合成人民币计价，外币账户余额按月末外行市场牌价进行调整。

（五）往来款项及坏账的处理

公司按购货单位设置应收账款或预收账款明细账，按供货单位设置应付账款或预付账款明细账。

按照期末应收账款余额的1%计提坏账准备，各项其他应收款不计提坏账准备。

现金折扣采用总价法核算，计算折扣时不考虑增值税。

（六）交易性金融资产的核算

公司从证券市场购入的持有时间不超过一年的股票、债券等，持有目的主要是赚取买卖价差且风险管理要求不高的投资定义为交易性金融资产，其初始计量和后续计量均采用公允价值。每年6月30日和12月31日核算公允价值变动损益。

（七）存货的核算

公司存货包括原材料、包装物、低值易耗品和库存商品等。存货的核算要求如下。

（1）该公司原材料按计划成本计价，月末分摊材料成本差异。

（2）包装物、低值易耗品按实际成本组织日常核算，发出时，采用先进先出法一次摊销。

（3）产成品按实际成本计价，月末按加权平均单价计算销售产品成本。

（八）固定资产的核算

公司固定资产分为生产用和非生产用固定资产，包括房屋及建筑物、生产设备、管理设备和运输工具四类，均为正在使用状态。

对固定资产按年限平均法分类计提折旧，预计净残值率为3%，折旧方法和净残值率都与税法规定保持一致。各类固定资产预计使用年限如下：

房屋及建筑物——40年、生产设备——10年、管理设备——5年、运输工具——5年。

（九）无形资产的核算

公司无形资产为专利权，按月采用直线法摊销，其摊销期为10年，无形资产的残值为零。

（十）长期股权投资的核算

公司对中山公司的投资比例为30%，采用权益法核算。

（十一）与工资有关的各项费用的计提基数与比例

与工资有关的各项经费和五险一金的计提基数及计提比例见表4-3。

表4-3　各项经费和五险一金的计提基数及计提比例

项目	计提基数	计提比例	
		企业负担部分	个人负担部分
养老保险	上年月平均工资总额	20%	10%
医疗保险	上年月平均工资总额	12%	2%
失业保险	上年月平均工资总额	2%	1%
住房公积金	上年月平均工资总额	10%	10%
工伤保险	上年月平均工资总额	0.5%	—
生育保险	上年月平均工资总额	0.5%	—
工会经费	本月工资总额	2%	—
教育经费	本月工资总额	2.5%	—

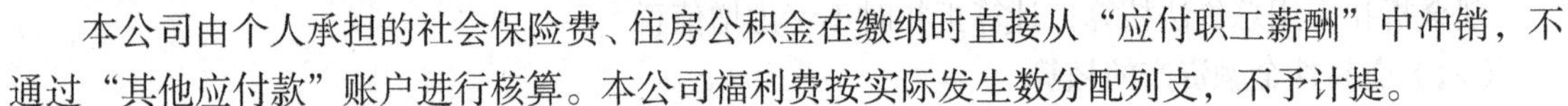

本公司由个人承担的社会保险费、住房公积金在缴纳时直接从“应付职工薪酬”中冲销，不通过“其他应付款”账户进行核算。本公司福利费按实际发生数分配列支，不予计提。

（十二）产品成本核算方法及成本核算程序

1. 产品成本核算方法

产品成本计算采用品种法。

本公司设置直接材料、直接人工、制造费用 3 个成本项目。

生产不同产品共同耗用同一种材料时按定额耗用量比例分配法分配。

生产车间生产工人工资按产品生产工时比例在不同产品间进行分配。

基本生产车间单独设账核算制造费用，按照产品生产工时比例分配。

辅助生产车间不单独设账核算制造费用。

2. 成本核算程序

（1）在各收益单位之间按一定标准分配原材料、周转材料、职工薪酬、折旧等费用。

（2）按修理工时分配辅助生产成本。机修车间所发生的全部费用直接记入“生产成本——辅助生产成本（机修车间）”账户，并按各受益部门实际耗用修理工时的比例分配。

（3）按产品生产工时分配结转各车间的制造费用。

（4）按成本计算对象将这些费用按照成本项目进行归集，确定完工产成品和在产品的成本。生产工人的职工薪酬、基本生产车间的制造费用均按生产产品的工时比例进行分配。

由于模拟企业装配环节工序简单、工时较短，该公司期末在产品均发生在加工车间，装配车间当期发生的生产成本均结转到完工产成品成本。

（十三）税金及附加费的计提标准

（1）企业所得税税率：25%。

（2）增值税税率：13%。

（3）城市维护建设税税率：7%。

（4）教育费附加征收率：3%。

（5）个人所得税税率：按七级超额累进税率由企业代扣代缴。

（十四）利润分配

亏损的弥补按税法规定进行。

盈余公积提取比例为：法定盈余公积 10%，任意盈余公积 5%。

应付给投资者的利润，由董事会根据当年的盈利情况确定。

第五部分 模拟实训资料

一、期初资料

（一）20×× 年 12 月初账户余额（表 5-1）

表 5-1 12 月初账户余额表

总账账户	二级账户	明细账户	借方余额 / 元	贷方余额 / 元
一、资产类				
库存现金			6 000	
银行存款			1 480 717.49	
	工商银行	人民币户	1 180 717.49	
	农业银行	美元户	300 000 （$50 000）	
其他货币资金			100 000	
		银行本票存款	0	
		银行汇票存款	0	
		存出投资款	100 000	
交易性金融资产			0	
应收票据			180 000	
		德州宇鑫机械设备制造有限公司	180 000	
		上海诺广机械有限公司	0	
应收账款			350 000	
		天津市正平机械新技术有限公司	0	
		上海诺广机械有限公司	150 000	
		武汉精华减速机制造有限公司	200 000	
预付账款			1 000	
		武汉保利龙塑胶有限公司	1 000	
		网费	0	
应收股利			0	
其他应收款			5 000	
		职工借款	5 000	

（续表）

总账账户	二级账户	明细账户	借方余额 / 元	贷方余额 / 元
坏账准备				3 500
材料采购			49 500	
		45# 铸钢件	0	
		45# 圆钢	（6 吨）49 500	
		机油	0	
		柴油	0	
原材料			211 500	
材料成本差异				700
		45# 铸钢件	400	
		45# 圆钢		500
		机油		500
		柴油		100
库存商品			277 125.51	
周转材料			7 020	
长期股权投资			1 300 000	
	中山公司	成本	1 200 000	
		损益调整	100 000	
固定资产			8 550 000	
累计折旧				2 939 100
在建工程			0	
固定资产清理			0	
无形资产			180 000	
		专利权	180 000	
累计摊销				36 000
递延所得税资产			0	
待处理财产损溢			0	
二、负债类				
短期借款				100 000
应付票据				0
应付账款				240 000
		泊头市重工机械有限公司		240 000
预收账款				0
应付职工薪酬				0

（续表）

总账账户	二级账户	明细账户	借方余额 / 元	贷方余额 / 元
应交税费				251 563
		未交增值税		200 000
		应交城建税		14 000
		应交所得税		30 000
		应交个人所得税		1 563
		应交教育费附加		6 000
应付股利				0
递延所得税负债				0
三、所有者权益				
实收资本				8 000 000
		武汉机械实业公司		5 600 000
		赵壹		2 400 000
资本公积				200 000
		资本溢价		200 000
盈余公积				75 000
		法定盈余公积		50 000
		任意盈余公积		25 000
本年利润				750 000
利润分配				200 000
		提取法定盈余公积		0
		提取任意盈余公积		0
		应付现金股利		0
		未分配利润		200 000
四、成本类				
生产成本			98 000	
制造费用			0	
五、损益类				
主营业务收入				
公允价值变动损益				
投资收益				
营业外收入				

（续表）

总账账户	二级账户	明细账户	借方余额 / 元	贷方余额 / 元
主营业务成本				
税金及附加				
销售费用				
管理费用				
财务费用				
信用减值损失				
营业外支出				
所得税费用				

（二）20×× 年 12 月初库存原材料明细账户余额（表 5-2）

表 5-2　库存原材料明细账户余额

材料类别、品种		计量单位	数量	计划单价 / 元	金额 / 元
原料及主要材料	45# 铸钢件	吨	10	7 000	70 000
	45# 圆钢	吨	15.25	8 000	122 000
	小 计				192 000
辅助材料	机油	桶	14	1 250	17 500
	柴油	升	200	10	2 000
	小 计				19 500
合 计					211 500

（三）20×× 年 12 月初周转材料明细账户余额（表 5-3）

表 5-3　周转材料明细账户余额

材料类别、品种		计量单位	数量	实际单价 / 元	金额 / 元
低值易耗品	工作服	件	68	100	6 800
	打磨工具	把	5	20	100
	扳手	把	8	15	120
	小 计				7 020
包装物	包装泡沫	个	0	0	0
	小 计				7 020

（四）20×× 年 12 月初库存商品明细账户余额（表 5-4）

表 5-4　库存商品明细账户余额

名称	计量单位	数量	实际单位成本 / 元	金额 / 元
低速齿轮	件	3	44 795.98	134 387.94
中间齿轮	件	3	22 360.82	67 082.46
高速齿轮	件	4	10 847.59	43 390.36
中间齿轮轴	件	2	16 132.38	32 264.76
合计				277 125.52

（五）20×× 年 12 月初固定资产明细账户余额（表 5-5）

表 5-5　固定资产明细账户余额

使用部门	固定资产原价				合计 / 元
	房屋及建筑物 / 元	生产设备 / 元	管理设备 / 元	运输工具 / 元	
一车间	1 000 000	3 200 000			4 200 000
二车间	800 000	2 200 000			3 000 000
装配车间	200 000				200 000
机修车间	300 000				300 000
行政部门	300 000		150 000	400 000	850 000
合计	2 600 000	5 400 000	150 000	400 000	8 550 000

（六）20×× 年 12 月初生产成本明细账户余额（定额成本，表 5-6）

表 5-6　生产成本明细账户余额

车间	产品名称	单位	数量	成本项目			合计 / 元
				直接材料 / 元	直接人工 / 元	制造费用 / 元	
一车间	低速齿轮	件	2	40 000	10 000	10 000	60 000
	中间齿轮	件	1	12 000	3 000	2 000	17 000
	小计		3	52 000	13 000	12 000	77 000
二车间	高速齿轮	件	1	6 000	1 500	1 000	8 500
	中间齿轮轴	件	1	4 500	5 000	3 000	12 500
	小计		2	10 500	6 500	4 000	21 000
合计			5	62 500	19 500	16 000	98 000

（七）单位产品原材料消耗定额（表 5–7）

表 5–7 单位产品原材料消耗定额

材料 产品	45# 铸钢件 / 吨	45# 圆钢 / 吨
低速齿轮	3	
中间齿轮	2	
高速齿轮		0.8
中间齿轮轴		0.6

（八）本月产品生产情况（表 5–8）

表 5–8 产品生产情况

产品名称	单位	期初在产品数量	本月投入数量	本月完工数量	月末在产品数量
低速齿轮	件	2	4	5	1
中间齿轮	件	1	9	7	3
高速齿轮	件	1	18	16	3
中间齿轮轴	件	1	11	10	2

（九）各车间产品定额工时（表 5–9）

表 5–9 各车间产品定额工时

车间	产品名称	定额工时
一车间	低速齿轮	6 000 工时
	中间齿轮	4 000 工时
	小计	10 000 工时
二车间	高速齿轮	1 500 工时
	中间齿轮轴	2 500 工时
	小计	4 000 工时
装配车间	低速齿轮	200 工时
	中间齿轮	100 工时
	高速齿轮	100 工时
	中间齿轮轴	100 工时
	小计	500 工时

（十）各车间水电费分配比例（表 5-10）

表 5-10　各车间水电费分配比例

使用部门	水费	电费
一车间	35%	40%
二车间	35%	35%
装配车间	15%	5%
机修车间	10%	10%
行政部门	5%	10%
合 计	100%	100%

（十一）“生产成本——辅助生产成本”明细项目（表 5-11）

表 5-11　“生产成本——辅助生产成本”明细项目

项目	职工薪酬	折旧费	劳保费	低值易耗品及材料消耗	水电费

（十二）“制造费用”明细项目（表 5-12）

表 5-12　“制造费用”明细项目

项目	职工薪酬	折旧费	劳保费	办公费	水电费	材料消耗及其他	修理费

（十三）“管理费用”明细项目（表 5-13）

表 5-13　“管理费用”明细项目

项目	职工薪酬	折旧、修理及维护费	劳保费	困难补助	无形资产摊销	消防费	差旅、培训费	水电费	电话费	排污费	业务招待费	税金	办公费

（十四）20×× 年 1—11 月利润表（表 5-14）

表 5-14　利　润　表

会企 02 表

编制单位：天威公司　　　　20×× 年 1—11 月　　　　单位：元

项目	本期金额	上期金额（略）
一、营业收入	11 347 200	
减：营业成本	9 268 700	
税金及附加	316 700	
销售费用	90 000	
管理费用	710 000	
研发费用	0	

（续表）

项目	本期金额	上期金额（略）
财务费用	1 800	
其中：利息费用		
利息收入		
加：其他收益	0	
投资收益（损失以"–"号填列）	30 000	
其中：对联营企业和合营企业的投资收益	0	
以摊余成本计量的金融资产终止确认收益（损失以"–"号填列）	0	
净敞口套期收益（损失以"–"号填列）	0	
公允价值变动收益（损失以"–"号填列）	0	
信用减值损失（损失以"–"号填列）	0	
资产减值损失（损失以"–"号填列）	0	
资产处置收益（损失以"–"号填列）	0	
二、营业利润（亏损以"–"号填列）	990 000	
加：营业外收入	20 000	
减：营业外支出	10 000	
三、利润总额（亏损总额以"–"号填列）	1 000 000	
减：所得税费用	250 000	
四、净利润（净亏损以"–"号填列）	750 000	
（一）持续经营净利润（净亏损以"–"号填列）		
（二）终止经营净利润（净亏损以"–"号填列）		

（十五）资产负债表相关项目年初余额（表 5–15）

表 5–15　资产负债表相关项目年初余额

资产项目	年初余额 / 元	负债及所有者权益项目	年初余额 / 元
货币资金	1 750 000	短期借款	12 000
交易性金融资产	187 000	应付票据	22 500
应收票据	310 000	应付账款	17 500
应收账款	349 000	应付职工薪酬	150 900
其他应收款	3 725	应交税费	30 000
存货	250 500	应付股利	90 600
长期股权投资	400 000	其他应付款	1 100
固定资产	4 504 000	长期借款	700 000
在建工程	1 000 000	实收资本	8 000 000
无形资产	694 375	资本公积	100 000
		盈余公积	189 000
		未分配利润	135 000
资产合计	9 448 600	负债及所有者权益合计	9 448 600

二、本期资料

本书第六部分原始凭证无论是外来凭证还是自制凭证，都要求学生按照规范填制。

20×× 年 12 月份天威公司发生如下经济业务：

（1）12 月 1 日，签发现金支票，提取备用金 2 000 元。

要求：填制现金支票。

（2）12 月 1 日，从南京金属材料有限公司购入 45# 铸钢件 10 吨，单价 7 200 元，增值税税率 13%，款项尚未支付。货已验收入库。

要求：填制增值税专用发票、收料单。

（3）12 月 1 日，购买办公用品打印纸，支付现金 500 元。

要求：填制普通发票。

（4）12 月 2 日，与江苏泰强减速机有限公司签订低速齿轮订货合同 3 件，已收泰强公司预付货款 80 000 元。

要求：填制进账单。

（5）12 月 2 日，采用电汇方式偿还所欠泊头市重工机械有限公司购货款 240 000 元。

要求：填制电汇凭证。

（6）12 月 2 日，采购员郑柒预借差旅费 1 000 元，以现金支付。

要求：填制借款单。

（7）12 月 2 日，支付《武汉晚报》广告宣传费 2 000 元（不考虑增值税），签发转账支票。

要求：填制收据、转账支票。

（8）12 月 2 日，用银行承兑汇票从山东聊城丰达物资有限公司购买 45# 圆钢 10 吨，物资单价 8 100 元，增值税税率 13%，材料已验收入库。汇票期限为 3 个月。

要求：填制增值税专用发票、银行承兑汇票、收料单。

（9）12 月 3 日，一车间投产 2 件低速齿轮和 4 件中间齿轮，领用 45# 铸钢件 14 吨。其中：每件低速齿轮的铸钢件用量为 3 吨，每件中间齿轮的铸钢件用量为 2 吨。

要求：填制领料单。

（10）12 月 3 日，将一张应收德州宇鑫机械设备制造有限公司面值 180 000 元的无息商业承兑汇票向银行贴现，银行年贴现利率为 6%。（票据的出票日为 11 月 3 日，到期日为下一年的 2 月 3 日）

要求：填制票据贴现凭证。

（11）12 月 3 日，向开户银行申请取得银行汇票 120 000 元。

要求：填制银行汇票申请书。

（12）12 月 3 日，以每股 5 元的价格购买武钢股票 6 000 股，另付交易费用 300 元，其中佣金 180 元、印花税 120 元，不准备长期持有。

要求：填制成交过户交割凭单。

（13）12 月 4 日，二车间投产 5 件高速齿轮和 5 件中间齿轮轴，领用 45# 圆钢 7 吨。其中：

每件高速齿轮的圆钢用量为 0.8 吨，每件中间齿轮轴的圆钢用量为 0.6 吨。

要求：填制领料单。

（14）12 月 4 日，用银行汇票向武汉机床厂购入待安装的 B-2 铣齿机一台，售价 100 000 元，增值税税率 13%。

要求：填制增值税专用发票、银行汇票多余款收账通知联。

（15）12 月 4 日，一车间和二车间分别领用机油 1 桶。

要求：填制领料单。

（16）12 月 5 日，签发转账支票，支付 B-2 铣齿机安装费用 1 000 元（不考虑增值税）。

要求：填制加工修理统一发票、转账支票。

（17）12 月 5 日，B-2 铣齿机安装完毕，交付使用。

要求：填制固定资产交接单。

（18）12 月 8 日，生产车间领用工作服 53 件，计 5 300 元。

要求：填制领料单。

（19）12 月 9 日，采购员郑柒出差回来报销差旅费 960 元，借款余额交回财务部门。

要求：填制差旅费报销单、收据记账联。

（20）12 月 9 日，机修车间领用扳手 3 把，柴油 10 升。

要求：填制领料单。

（21）12 月 9 日，接受武汉机械实业公司投入 C5160 立式车床一台，原价 500 000 元，累计折旧 280 000 元，评估价 250 000 元，预计还可以使用 5 年。

要求：填制固定资产验收单。

（22）12 月 10 日，按照预购合同，从武汉保利龙塑胶有限公司购入的包装泡沫 1 000 个发运到本公司，每个 7 元，增值税率 13%，材料已验收入库，余款尚未结清。

要求：填制收料单。

（23）12 月 10 日，支付下一年度的宽带上网费 1 200 元。

要求：填制转账支票。

（24）12 月 10 日，向天津市正平机械新技术有限公司销售低速齿轮 1 件，价款 100 000 元；中间齿轮 1 件，价款 80 000 元；中间齿轮轴 2 件，价款 100 000 元；高速齿轮 1 件，价款 40 000 元。增值税税率 13%。为了尽快收回款项，给对方开出了“5/10，2/20，*n*/30”的现金折扣条件，产品已发出。现金折扣采用总价法核算，且计算时不考虑增值税。

要求：填制增值税专用发票、产品出库单。

（25）12 月 10 日，经多方活动，收回已转销的宜昌辉煌减速机销售有限公司应收账款 3 000 元，收到转账支票一张送存银行。

要求：填制进账单。

（26）12 月 11 日，因技术落后，不能满足产品生产要求，报废 C630 卧式车床一台，原价 100 000 元，已计提折旧 87 300 元。

要求：填制固定资产卡片、固定资产报废申请书。

（27）12 月 11 日，支付招待客户餐饮费 520 元（不考虑增值税）。

要求：填制普通发票。

（28）12 月 11 日，向市红十字会捐款 3 000 元。

要求：填制转账支票、收据。

（29）12 月 12 日，从成都市盛世贸易有限公司购入 45# 铸钢件 8 吨，单价 6 950 元，增值税税率 13%，款项已通过银行转账方式支付。材料尚未入库。

要求：填制增值税专用发票。

（30）12 月 12 日，购回灭火器 3 个，每个 500 元，交管理部门使用。

要求：填制普通发票、转账支票。

（31）12 月 12 日，通过委托收款的方式收回上海诺广机械有限公司前欠货款。

要求：填制银行托收凭证。

（32）12 月 12 日，将报废 C630 卧式车床残料卖给废品回收公司，收到现金 480 元。同时，结转清理净损益。

要求：填制收据。

（33）12 月 12 日，上月从泊头市重工机械有限公司购入的 6 吨 45# 圆钢到货，款项已支付，现验收入库。

要求：填制收料单。

（34）12 月 15 日，从南京金属材料有限公司购入 45# 铸钢件 20 吨，单价 6 950 元，增值税税率 13%，款项已支付。货已验收入库。

要求：填制增值税专用发票、收料单。

（35）12 月 15 日，向武汉博力液压技术有限公司销售高速齿轮 8 件，价款 300 000 元。增值税税率 13%，款项已收回。

要求：填制增值税专用发票、进账单、产品出库单。

（36）12 月 15 日，为办公室购买计算器，支付现金 90 元。

要求：填制普通发票。

（37）12 月 15 日，签发支票支付参加展销会的展位费 2 000 元（不考虑增值税）。

要求：填制现金支票。

（38）12 月 15 日，以银行存款归还工商银行到期的短期借款 100 000 元，并支付利息 800 元。

要求：填制还款通知、转账支票。

（39）12 月 16 日，二车间投产 8 件高速齿轮和 6 件中间齿轮轴，领用 45# 圆钢 10 吨。其中：每件高速齿轮的圆钢用量为 0.8 吨，每件中间齿轮轴的圆钢用量为 0.6 吨。

要求：填制领料单。

（40）12 月 16 日，经领导批准，给予困难职工仓库保管员王捌生活补助 2 000 元，以现金支付。

要求：填制职工生活困难补助领款表。

（41）12 月 16 日，向武汉优特减速机械有限公司销售中间齿轮 6 件，价款 450 000 元；中间齿轮轴 6 件，价款 300 000 元。增值税税率 13%，款项已收回。

要求：填制增值税专用发票、进账单、产品出库单。

（42）12 月 16 日，装配车间领用打磨工具 3 把，柴油 10 升。

要求：填制领料单。

（43）12 月 17 日，收到天津市正平机械新技术有限公司前欠货款。

要求：填制进账单。

（44）12 月 17 日，向武汉创圣润滑油有限公司购买机油 50 桶，单价 1 100 元；柴油 1 000 升，单价 11 元，增值税税率 13%，材料已验收入库。款项用转账支票付讫。

要求：填制增值税专用发票、转账支票、收料单。

（45）12 月 17 日，签发转账支票一张，支付行政楼办公室的修理费用 3 200 元（不考虑增值税）。

要求：填制转账支票。

（46）12 月 18 日，向上海诺广机械有限公司销售低速齿轮 2 件，价款 180 000 元，增值税税率 13%，收到对方开出的银行承兑汇票。

要求：填制增值税专用发票、银行承兑汇票、产品出库单。

（47）12 月 18 日，用资本公积 100 000 元转增资本。（原始凭证略）

（48）12 月 18 日，取得一车间冯玖因违规操作罚款收入 300 元。

要求：填制收据。

（49）12 月 18 日，企业临时财产清查中发现，工作服账存数为 15 件，实存数为 11 件，盘亏 4 件，单位成本为 100 元 / 件。

要求：填制材料盘盈盘亏报告表。

（50）12 月 19 日，一车间投产 5 件中间齿轮，领用 45# 铸钢件 10 吨。

要求：填制领料单。

（51）12 月 19 日，一车间投产 2 件低速齿轮，领用 45# 铸钢件 6 吨。

要求：填制领料单。

（52）12 月 22 日，装配车间领用包装泡沫 300 个。

要求：填制领料单。

（53）12 月 22 日，二车间投产 5 件高速齿轮，领用 45# 圆钢 4 吨。

要求：填制领料单。

（54）12 月 23 日，向银行申请取得银行本票一张，金额为 100 000 元，交给采购员郑柒，向武汉机床厂购买卧式车床。

要求：填制银行本票申请书、银行本票。

（55）12 月 23 日，根据订货合同向江苏泰强减速机有限公司发出低速齿轮 3 件，售价每件 105 000 元，增值税税率 13%。余款尚未收回。

要求：填制增值税专用发票、产品出库单。

（56）12 月 24 日，签发现金支票，提取备用金 2 500 元。

要求：填制现金支票。

（57）12 月 24 日，支付管理人员培训费 6 000 元（不考虑增值税）。

要求：填制发票、转账支票。

（58）12月25日，签发转账支票一张，购买印花税票1 670元。

要求：填制印花税票报销凭证、转账支票。

（59）12月25日，销售人员陈拾出差回来报销差旅费及会务费共计4 739元，冲上月预借款5 000元，余款退回现金。

要求：填制差旅费报销单、收据记账联。

（60）12月25日，用现金支付销售人员手机充值费500元。（原始凭证略）

（61）12月26日，支付排污费1 000元。

要求：填制委托收款凭证、收据。

（62）12月26日，公司做出对12月18日财产清查结果的处理意见，工作服的损失由保管员褚零承担200元，其余作为营业外支出处理。（原始凭证略）

（63）12月26日，中山公司本年度实现净利润500 000元。（原始凭证略）

（64）12月29日，收到银行水费付款通知，本月共发生水费7 000元，增值税税率9%。

要求：填制增值税专用发票、委托收款凭证、水费分配表。

（65）12月29日，收到银行电费付款通知，本月共发生电费20 000元，增值税税率13%。

要求：填制增值税专用发票、委托收款凭证、电费分配表。

（66）12月29日，中山公司宣告分配现金股利100 000元。（原始凭证略）

（67）12月30日，计提本月固定资产累计折旧。

要求：填制房屋、设备折旧及摊销计算汇总表。

（68）12月30日，计提本月无形资产累计摊销。（原始凭证略）

（69）12月30日，按本月工资属性及用途分配应付职工薪酬，基本生产车间生产工人工作按各产品生产工时比例分配。公司上年月平均工资总额为260 000元。计算过程中，分配给各部门的金额合计与分配总额之间的计算误差，计入管理费用；各部门内部的分配误差，计入该部门最后一个分配对象。

要求：根据工作结算汇总表、社会保险费、公积金及有关经费计算表，编制应付职工薪酬汇总分配计算表。

（70）12月31日，发放本月工资。（原始凭证略）

（71）12月31日，外币账户金额$50 000，月初市场汇率为1美元＝6元人民币，期末汇率为1美元＝6.2元人民币。（原始凭证略）

（72）12月31日，公司持有的6 000股武钢股票，期末市价为每股6.5元。（原始凭证略）

（73）12月31日，计算材料成本差异率和发出材料应分摊的材料成本差异额，并进行结转。

要求：填制材料成本差异率计算表、发出材料成本差异计算表。

（74）12月31日，分配机修车间发生的费用。其中：机修车间分别为一车间服务800工时，为二车间服务1 000工时，为装配车间服务200工时，为行政部门服务500工时。

要求：填制辅助生产成本分配表。

（75）12月31日，分配结转制造费用。

要求：填制各车间制造费用分配表。

（76）12月31日，结转本月完工入库产品成本。

要求：填制完工入库产品成本计算表。

（77）12月31日，结转本月销售产品成本。

要求：填制主营业务成本计算表。

（78）12月31日，按规定计提坏账准备。

要求：填制坏账准备计提表。

（79）12月31日，结转本月未交增值税。

要求：填制增值税纳税申报表。

（80）12月31日，计算本月应缴纳的城市维护建设税和教育费附加。

要求：填制营业税金及附加计算表。

（81）12月31日，将各损益类账户余额转入“本年利润”账户。

（82）12月31日，计算本月应交所得税，并转入“本年利润”账户。

要求：填制企业所得税计算表。

（83）12月31日，将本年实现的净利润转入“利润分配——未分配利润”账户。

（84）12月31日，按规定提取法定盈余公积和任意盈余公积。

（85）12月31日，按出资比例向投资者分配股利100 000元，现金股利尚未发放。

（86）12月31日，将“利润分配”各明细账户余额转入“利润分配——未分配利润”账户。

（87）12月31日，进行月末对账、结账。

（88）12月31日，编制资产负债表和利润表。

第六部分　原始凭证及其他资料

一、原始凭证

经济业务（1）

中国工商银行现金支票存根

支票号码：

附加信息

出票日期：　年　月　日

收款人：
金额：
用途：

单位主管：　会计：

中国工商银行　现金支票（鄂）　BH/02　×××××××

本支票付款期限十天

出票日期（大写）　年　月　日　付款行名称：

收款人：　出票人账号：

人民币（大写）	亿	千	百	十	万	千	百	十	元	角	分

用途

上列款项请从
我账户内支付

出票人签章　复核　记账

经济业务（2）-1

江苏增值税专用发票　No00000000

发票联

校验码：　开票日期：　年　月　日

购货单位	名　称： 纳税人识别号： 地址、电话： 开户行及账号：			密码区			
货物或应税劳务名称	规格型号	单位	数量	单价	金额	税率	税额
合计							
价税合计（大写）				（小写）¥			
销货单位	名　称： 纳税人识别号： 地址、电话： 开户行及账号：			备注			

第三联：发票联　购货方记账凭证

收款人：　复核：　开票人：　销售单位：（章）

第六部分 原始凭证及其他资料

一、原始凭证

经济业务（1）

经济业务（2）-1

经济业务（2）-2

收　料　单

供应单位：　　　　　　　　　　　　　　　　　　　　　　　收料单编号：
发票号码：　　　　　　　　年　　月　　日　　　　　　　　收料仓库：

编号	名称	规格	单位	数量		实际成本				计划成本		差异
				应收	实收	单价	金额	运费	合计	单价	金额	

第二联　会计记账联

采购员：　　　　检验员：　　　　记账员：　　　　保管员：

经济业务（3）

湖北省商品零售发票

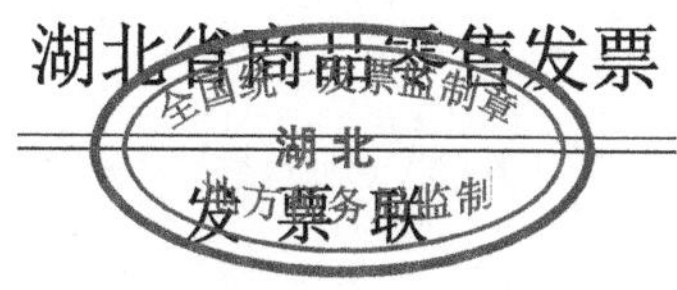

发票联

户名：　　　　　　　　年　　月　　日　　　　　　　　No.

品名	数量	单位	单价	金额							备注
				万	千	百	十	元	角	分	
合计											
人民币（大写）　　现金付讫											

第二联　报销凭证

中南文化用品商场　发票专用章

收款员：　　　　经手人：

经济业务（2）-2

收 料 单

供应单位：　　　　　　　　　　　　　　　　收料单编号：
发票号码：　　　　　　年　　月　　日　　　收料仓库：

编号	名称	规格	单位	数量		实际成本				计划成本		备注
				应收	实收	单价	金额	运费	合计	单价	金额	

第二联　会计记账联

采购员：　　　　检验员：　　　　记账员：　　　　保管员：

经济业务（3）

湖北省商品零售发票

发票联

户名：　　　　　　年　　月　　日　　　　No.

品名	数量	单位	单价	金额							备注
				万	千	百	十	元	角	分	
合计											

人民币（大写）　　　　　　　　　　　　现金付讫

第二联　报销凭证

收款员：　　　　经手人：

经济业务（4）

中国工商银行进账单（回单）3

年　月　日

<table>
<tr><td rowspan="3">付款人</td><td>全　称</td><td colspan="3"></td><td rowspan="3">收款人</td><td>全　称</td><td colspan="11"></td></tr>
<tr><td>账　号</td><td colspan="3"></td><td>账　号</td><td colspan="11"></td></tr>
<tr><td>开户银行</td><td colspan="3"></td><td>开户银行</td><td colspan="11"></td></tr>
<tr><td rowspan="2">金额</td><td colspan="6" rowspan="2">人民币
（大写）</td><td>亿</td><td>千</td><td>百</td><td>十</td><td>万</td><td>千</td><td>百</td><td>十</td><td>元</td><td>角</td><td>分</td></tr>
<tr><td></td><td></td><td></td><td></td><td></td><td></td><td></td><td></td><td></td><td></td><td></td></tr>
<tr><td colspan="2">票据种类</td><td></td><td>票据张数</td><td colspan="3"></td><td colspan="11" rowspan="3">收款人开户行盖章</td></tr>
<tr><td colspan="2">票据号码</td><td colspan="5"></td></tr>
<tr><td colspan="7">复核：　　记账：</td></tr>
</table>

此联是收款人开户银行交给收款人的收账通知

经济业务（5）

银行 电汇凭证（回单）　1

□普通　□加急　　委托日期　年　月　日

<table>
<tr><td rowspan="3">汇款人</td><td>全 称</td><td colspan="3"></td><td rowspan="3">收款人</td><td>全 称</td><td colspan="11"></td></tr>
<tr><td>账 号</td><td colspan="3"></td><td>账 号</td><td colspan="11"></td></tr>
<tr><td>汇出地点</td><td></td><td>汇出行
名 称</td><td></td><td>汇入地点</td><td colspan="5"></td><td>汇入行
名称</td><td colspan="5"></td></tr>
<tr><td rowspan="2">金额</td><td colspan="6" rowspan="2">人民币
（大写）</td><td>亿</td><td>千</td><td>百</td><td>十</td><td>万</td><td>千</td><td>百</td><td>十</td><td>元</td><td>角</td><td>分</td></tr>
<tr><td></td><td></td><td></td><td></td><td></td><td></td><td></td><td></td><td></td><td></td><td></td></tr>
<tr><td colspan="5"></td><td colspan="2">支付密码</td><td colspan="11"></td></tr>
<tr><td colspan="5">汇出行签章</td><td colspan="13">附加信息及用途：
复核　　记账</td></tr>
</table>

此联是汇出行给汇款人的回单

经济业务（6）

借款单（记账联）

年　　月　　日

借款人		借款单位	
借款事由			
借款金额：人民币（大写）		¥	
领导批示：			
	会计	出纳	借款人：

第二联　记账联

经济业务（7）-1

武汉市统一收款收据

税务局批准文号×

年　　月　　日　　　No. ×××××××××

今收到

人民币（大写）　　¥

系付

单位盖章

收款人：　　交款人：

（印章：武汉晚报　财务专用章）

第二联　发票联

经济业务（7）-2

<table>
<tr><td>中国工商银行转账支票存根
支票号码：
附加信息

出票日期：　年　月　日
收款人：
金额：
用途：
单位主管：　会计：</td><td>本支票付款期限十天</td><td>中国工商银行 转账支票（鄂）BH/02 XXXXXXX
出票日期（大写）　年　月　日　付款行名称：
收款人：　出票人账号：
人民币（大写）　亿 千 百 十 万 千 百 十 元 角 分
用途
上列款项请从
我账户内支付
出票人签章　复核　记账</td></tr>
</table>

经济业务（8）-1

山东增值税专用发票　№00000000

校验码：　开票日期：　年　月　日

<table>
<tr><td rowspan="4">购货单位</td><td colspan="4">名　称：</td><td rowspan="4">密码区</td><td colspan="3" rowspan="4"></td></tr>
<tr><td colspan="4">纳税人识别号：</td></tr>
<tr><td colspan="4">地 址、电 话：</td></tr>
<tr><td colspan="4">开户行及账号：</td></tr>
<tr><td colspan="2">货物或应税劳务名称</td><td>规格型号</td><td>单位</td><td>数量</td><td>单价</td><td>金额</td><td>税率</td><td>税额</td></tr>
<tr><td colspan="2">合计</td><td></td><td></td><td></td><td></td><td></td><td></td><td></td></tr>
<tr><td colspan="2">价税合计（大写）</td><td colspan="7">（小写）¥</td></tr>
<tr><td rowspan="4">销货单位</td><td colspan="4">名　称：</td><td rowspan="4">备注</td><td colspan="3" rowspan="4"></td></tr>
<tr><td colspan="4">纳税人识别号：</td></tr>
<tr><td colspan="4">地 址、电 话：</td></tr>
<tr><td colspan="4">开户行及账号：</td></tr>
</table>

第三联：发票联　购货方记账凭证

收款人：　复核：　开票人：　销售单位：（章）

经济业务（8）-2

银行承兑汇票（存根）　3

签发日期（大写）　年　月　日　　汇票号码

<table>
<tr><td>出票人全称</td><td></td><td rowspan="3">收款人</td><td>全　称</td><td colspan="11"></td></tr>
<tr><td>出票人账号</td><td></td><td>账　号</td><td colspan="11"></td></tr>
<tr><td>付款行全称</td><td></td><td>开户行</td><td colspan="11"></td></tr>
<tr><td rowspan="2">出票金额</td><td colspan="3" rowspan="2">人民币（大写）</td><td>亿</td><td>千</td><td>百</td><td>十</td><td>万</td><td>千</td><td>百</td><td>十</td><td>元</td><td>角</td><td>分</td></tr>
<tr><td></td><td></td><td></td><td></td><td></td><td></td><td></td><td></td><td></td><td></td><td></td></tr>
<tr><td>汇票到期日（大写）</td><td></td><td rowspan="2">付款行</td><td>行 号</td><td colspan="11"></td></tr>
<tr><td>承兑协议编号</td><td></td><td>地 址</td><td colspan="11"></td></tr>
<tr><td colspan="2"></td><td colspan="3">备注：</td><td colspan="10">复核　　记账</td></tr>
</table>

此联出票人存查

经济业务（8）-3

收　料　单

供应单位：　　　　　　　　　　　　　　　　收料单编号：
发票号码：　　　　年　月　日　　　　　　　收料仓库：

编号	名称	规格	单位	数量		实际成本				计划成本		差异
				应收	实收	单价	金额	运费	合计	单价	金额	

第二联　会计记账联

采购员：　　　　检验员：　　　　记账员：　　　　保管员：

经济业务（9）

领　料　单

字第　号

领料部门：　　　　　　　　　　年　　月　　日

材料			单位	数量		成本	
编号	名称	备注		请领	实发	单价	总价

第三联　记账联

主管：　　会计：　　记账：　　保管：　　发料：　　领料：

经济业务（10）

贴现凭证（收账通知）　　4

填写日期：　　年　　月　　日　　　　第　　号

<table>
<tr><td rowspan="3">贴现汇票</td><td>种　类</td><td colspan="10"></td><td>号码</td><td colspan="8"></td><td rowspan="3">申请人</td><td>名　称</td><td colspan="10"></td></tr>
<tr><td>发票日</td><td colspan="19">年　月　日</td><td>账　号</td><td colspan="10"></td></tr>
<tr><td>票到日</td><td colspan="19">年　月　日</td><td>开户银行</td><td colspan="10"></td></tr>
<tr><td colspan="2">汇票承兑人名　称</td><td colspan="10"></td><td>账 号</td><td colspan="9"></td><td>开户银行</td><td colspan="10"></td></tr>
<tr><td rowspan="2">汇票金额</td><td colspan="22" rowspan="2">人民币（大写）</td><td>千</td><td>百</td><td>十</td><td>万</td><td>千</td><td>百</td><td>十</td><td>元</td><td>角</td><td>分</td></tr>
<tr><td></td><td></td><td></td><td></td><td></td><td></td><td></td><td></td><td></td><td></td></tr>
<tr><td rowspan="2">贴现率每　月</td><td rowspan="2">‰</td><td rowspan="2">贴现利息</td><td>十</td><td>万</td><td>千</td><td>百</td><td>十</td><td>元</td><td>角</td><td>分</td><td colspan="2" rowspan="2">实付贴现金　额</td><td>千</td><td>百</td><td>十</td><td>万</td><td>千</td><td>百</td><td>十</td><td>元</td><td>角</td><td>分</td></tr>
<tr><td></td><td></td><td></td><td></td><td></td><td></td><td></td><td></td><td></td><td></td><td></td><td></td><td></td><td></td><td></td><td></td><td></td><td></td></tr>
<tr><td colspan="15">贴现款项已入你单位账户。
银行盖章
年　月　日</td><td colspan="18">备注：</td></tr>
</table>

此联是银行给持票人的收账通知

经济业务（11）

______银行**汇票申请书**（存根） 1

第 号

申请日期 年 月 日

申请人		收款人	
账 号 或住址		账 号 或住址	
用途		代 理 付款行	

汇票金额	人民币 （大写）	千	百	十	万	千	百	十	元	角	分

此联是出票人给汇款人的回单

上列款项请从我账户内列支

申请人盖章

科 目（借）

对方科目（贷）

财务主管 复核 经办

经济业务（12）

成交过户交割凭证

年 月 日 买

股东编号：	成交证券：
电脑编号：	成交数量：
公司代号：	成交价格：
申请编号：	成交金额：
申报时间：	标准佣金：
成交时间：	过户费用：
上次余额：	印花税：
本次成交：	应付金额：
本次余额：	最终余额：
附加费用：	实付金额：

客户联

经办单位： 客户签章：

经济业务（13）

领　料　单

字第　号

领料部门：　　　　　　　　　　　年　　月　　日

材料			单位	数量		成本	
编号	名称	备注		请领	实发	单价	总价

第三联　记账联

主管：　　　会计：　　　记账：　　　保管：　　　发料：　　　领料：

经济业务（14）-1

湖北增值税专用发票

发票联

№00000000

校验码：　　　　　　　　　　　　　　　　　开票日期：　　年　　月　　日

购货单位	名　　称： 纳税人识别号： 地 址、电 话： 开户行及账号：				密码区			
货物或应税劳务名称		规格型号	单位	数量	单价	金额	税率	税额
合计								
价税合计（大写）		（小写）¥						
销货单位	名　　称： 纳税人识别号： 地 址、电 话： 开户行及账号：				备注			

第三联：发票联　购货方记账凭证

收款人：　　　　复核：　　　　开票人：　　　　销售单位：（章）

经济业务（14）-2

付款期限 壹 个 月

银行

银行汇票（多余款收账通知）　4　　　汇票号码

出票日期（大写）　年　月　日	代理付款行：　行号：										
收款人：	账　号：										
出票金额　人民币（大写）											
实际结算金额　人民币（大写）	千	百	十	万	千	百	十	元	角	分	

此联出票行结清多余款后交申请人

申请人：　　　　账号或地址：

出票行：　　行号：

备注：

密押：										左列退回多余金额已收入你账户内
多余金额										
千	百	十	万	千	百	十	元	角	分	

出票行盖章

年　月　日

经济业务（15）

领　料　单

领料部门：　　　　年　月　日　　　　字第　号

材料			单位	数量		成本	
编号	名称	备注		请领	实发	单价	总价

第三联　记账联

主管：　会计：　记账：　保管：　发料：　领料：

经济业务（16）-1

加工修理统一发票

第二联　　发　　票　　　　　　No.

年　　月　　日

委托方		地址										
合同号	加工修理项目（品名）	单位	数量	单价	金额							
					万	千	百	十	元	角	分	
合计（大写）	人民币											

此联为报销凭证

收款人：　　复核：　　开票人：　　单位盖章：

经济业务（16）-2

中国工商银行转账支票存根

支票号码：

附加信息

出票日期：　年　月　日

收款人：
金额：
用途：

单位主管：　　会计：

中国工商银行　转账支票（鄂）　$\frac{B\ H}{0\ 2}$ XXXXXXX

本支票付款期限十天

出票日期（大写）　　年　　月　　日　　付款行名称：

收款人：　　　　　　出票人账号：

人民币（大写）		亿	千	百	十	万	千	百	十	元	角	分

用途

上列款项请从
我账户内支付

出票人签章　　　　复核　　　　记账

经济业务（17）

固定资产交接单

年　月　日　　　　　　　　　　　　　　　　第　号

移交单位		接受单位	
固定资产名称		规格	
技术特征			
附属物			
建造企业		出厂或进厂年月	
安装企业		安装完工年月	
原值		评估价值	
验收意见			
固定资产编号		验收人签章	
移交单位负责人（签章）	接受负责人（签章）	接受单位会计主管（盖章）	

经济业务（18）

领　料　单

字第　号

领料部门：　　　　　　　　　　年　月　日

材料			单位	数量		成本	
编号	名称	备注		请领	实发	单价	总价

第三联　记账联

主管：　　会计：　　记账：　　保管：　　发料：　　领料：

经济业务（19）-1

差旅费报销单

姓名：　　　　　　　　　　　时间：　年　月　日　　　　　　　　单位：元

<table>
<tr><td colspan="2" rowspan="2">起日</td><td colspan="2" rowspan="2">止日</td><td rowspan="3">合计天数</td><td colspan="10">各项补助费</td><td colspan="7">车船杂支费</td><td rowspan="3">合计金额</td></tr>
<tr><td colspan="3">伙食补助</td><td colspan="3">住宿补助</td><td colspan="3">未买卧铺补助</td><td rowspan="2">夜间乘硬座超过12小时补助</td><td rowspan="2">火车费</td><td rowspan="2">汽车费</td><td rowspan="2">轮船费</td><td rowspan="2">飞机费</td><td rowspan="2">市内交通</td><td rowspan="2">住宿费</td><td rowspan="2">其他杂支</td></tr>
<tr><td>月</td><td>日</td><td>月</td><td>日</td><td>天数</td><td>标准</td><td>金额</td><td>天数</td><td>标准</td><td>金额</td><td>票价</td><td>标准</td><td>金额</td></tr>
<tr><td></td><td></td><td></td><td></td><td></td><td></td><td></td><td></td><td></td><td></td><td></td><td></td><td></td><td></td><td></td><td></td><td></td><td></td><td></td><td></td><td></td><td></td><td></td></tr>
<tr><td></td><td></td><td></td><td></td><td></td><td></td><td></td><td></td><td></td><td></td><td></td><td></td><td></td><td></td><td></td><td></td><td></td><td></td><td></td><td></td><td></td><td></td><td></td></tr>
<tr><td></td><td></td><td></td><td></td><td></td><td></td><td></td><td></td><td></td><td></td><td></td><td></td><td></td><td></td><td></td><td></td><td></td><td></td><td></td><td></td><td></td><td></td><td></td></tr>
<tr><td></td><td></td><td></td><td></td><td></td><td></td><td></td><td></td><td></td><td></td><td></td><td></td><td></td><td></td><td></td><td></td><td></td><td></td><td></td><td></td><td></td><td></td><td></td></tr>
<tr><td colspan="23">合计人民币大写　　万　　仟　　佰　　拾　　元　　角　　分</td></tr>
<tr><td colspan="3"></td><td colspan="20">原借差旅费________元　　报销________元　　剩余交回________元</td></tr>
<tr><td colspan="3">出差事由</td><td colspan="20"></td></tr>
</table>

附件　　张

领导签字：　　　　　　　　会计主管签字：　　　　　　　　领款人签字：

经济业务（19）-2

武汉市统一收款收据

税务局批准文号×

年　月　日　　　　　　No. ×××××××

今收到________________________________

人民币（大写）____________________　¥__________

系付________________________________

单位盖章

收款人：__________　　　　交款人：__________

第三联　记账联

经济业务（20）

领 料 单

字第 号

领料部门： 年 月 日

材料			单位	数量		成本	
编号	名称	备注		请领	实发	单价	总价

第三联 记账联

主管： 会计： 记账： 保管： 发料： 领料：

经济业务（21）

固定资产验收单

年 月 日

名称	单位	数量	单价	金额（元）	备注

验收部门意见： 经手人：

经济业务（22）

收　料　单

供应单位：　　　　　　　　　　　　　　　　　　　　收料单编号：
发票号码：　　　　　　　　年　　月　　日　　　　　收料仓库：

编号	名称	规格	单位	数量		实际成本				计划成本		差异
				应收	实收	单价	金额	运费	合计	单价	金额	

第二联　会计记账联

采购员：　　　　检验员：　　　　记账员：　　　　保管员：

经济业务（23）

中国工商银行转账支票存根

支票号码：

附加信息

出票日期：　年　月　日

收款人：
金额：
用途：

单位主管：　　会计：

中国工商银行　转账支票（鄂） $\frac{BH}{02}$ XXXXXXX

出票日期（大写）　　年　　月　　日　　付款行名称：

收款人：　　　　　　　　　　　　　　　出票人账号：

本支票付款期限十天

人民币（大写）		亿	千	百	十	万	千	百	十	元	角	分

用途

上列款项请从
我账户内支付

出票人签章　　　　　　　　　　复核　　　　记账

经济业务（24）-1

No00000000

校验码：　　　　　　　　　　　　　　　　　　　　开票日期：　年　月　日

购货单位	名称： 纳税人识别号： 地址、电话： 开户行及账号：				密码区			
货物或应税劳务名称		规格型号	单位	数量	单价	金额	税率	税额
合计								
价税合计（大写）		（小写）¥						
销货单位	名称： 纳税人识别号： 地址、电话： 开户行及账号：				备注			

收款人：　　　复核：　　　开票人：　　　销售单位：（章）

第一联：记账联　销货方记账凭证

经济业务（24）-2

产品出库单

No.

购货单位：　　　　　　年　月　日

编号	名称及规格	计量单位	数量	单价	金　额	备注
合　计						

主管：　　　会计：　　　保管员：　　　经手人：

记账联

经济业务（25）

中国工商银行进账单（回单）3

年　　月　　日

付款人	全　称		收款人	全　称	
	账　号			账　号	
	开户银行			开户银行	

金额	人民币（大写）	亿	千	百	十	万	千	百	十	元	角	分

票据种类		票据张数		收款人开户行盖章
票据号码				
复核：		记账：		

此联是收款人开户银行交给收款人的收账通知

经济业务（26）-1

固定资产卡片

卡片编号　　　　　　　　　　日期

固定资产编号		固定资产名称			
类别编号		类别名称			
规格型号		部门名称			
增加方式		存放地点			
使用状况		使用年限		折旧方法	
工作总量		累计工作量		工作量单位	
启用日期		已提月份		币种	
原值		净残值率		净残值	
累计折旧		月折旧率		月折旧额	
净值		对应折旧科目		项目	

录入人：　　　　　　　　　　录入日期：

经济业务（26）-2

固定资产报废申请书

申报单位：　　　　　　　　　　　　　　　　厂固定资产编号：

名称		出厂时间		出厂编号	
型号、规格		投产时间		单位	
制造厂		使用单位			
原值（元）		净值（元）			
已折旧（元）		残值（元）			
报废原因：					
资产管理部门意见		厂部意见			

经济业务（27）

武汉市饮食娱乐业定额统一发票

市地税A NO.×××××××

发票面值（大写）：

人民币（小写）：

开票日期：　　　年　　月　　日

（收款方盖发票专用章有效）

收款方应当开具发票　　付款方应当取得发票

海锦酒楼
发票专用章

经济业务（28）-1

中国工商银行转账支票存根	中国工商银行 转账支票（鄂） BH/02 XXXXXXX
支票号码：	
附加信息	出票日期（大写） 年 月 日 付款行名称：
	收款人： 出票人账号：
出票日期： 年 月 日	人民币（大写） 亿 千 百 十 万 千 百 十 元 角 分
收款人：	本支票付款期限十天 用途
金额：	上列款项请从我账户内支付
用途：	
单位主管： 会计：	出票人签章 复核 记账

经济业务（28）-2

武汉市红十字会收据

税务局批准文号×

年 月 日 No.×××××××

今收到		
交来		
人民币（大写）		¥
备注		
收款人：	交款人：	

第二联 发票联

经济业务（29）

四川增值税专用发票

No00000000

校验码：　　　　　　　　　　　　　　　　开票日期：　　年　　月　　日

<table>
<tr><td rowspan="4">购货单位</td><td colspan="4">名　　称：</td><td rowspan="4">密码区</td><td colspan="3" rowspan="4"></td></tr>
<tr><td colspan="4">纳税人识别号：</td></tr>
<tr><td colspan="4">地 址、电 话：</td></tr>
<tr><td colspan="4">开户行及账号：</td></tr>
<tr><td colspan="2">货物或应税劳务名称</td><td>规格型号</td><td>单位</td><td>数量</td><td>单价</td><td>金额</td><td>税率</td><td>税额</td></tr>
<tr><td colspan="2">合计</td><td></td><td></td><td></td><td></td><td></td><td></td><td></td></tr>
<tr><td colspan="2">价税合计（大写）</td><td colspan="7">（小写）¥</td></tr>
<tr><td rowspan="4">销货单位</td><td colspan="4">名　　称：</td><td rowspan="4">备注</td><td colspan="3" rowspan="4"></td></tr>
<tr><td colspan="4">纳税人识别号：</td></tr>
<tr><td colspan="4">地 址、电 话：</td></tr>
<tr><td colspan="4">开户行及账号：</td></tr>
</table>

第三联：发票联　购货方记账凭证

收款人：　　　　复核：　　　　开票人：　　　　销售单位：（章）

经济业务（30）-1

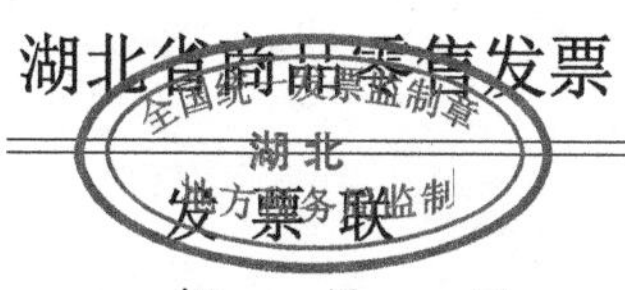

湖北省商品零售发票

户名：　　　　　　　　　年　　月　　日　　　　　No.

<table>
<tr><td rowspan="2">品名</td><td rowspan="2">数量</td><td rowspan="2">单位</td><td rowspan="2">单价</td><td colspan="7">金额</td><td rowspan="2">备注</td></tr>
<tr><td>万</td><td>千</td><td>百</td><td>十</td><td>元</td><td>角</td><td>分</td></tr>
<tr><td></td><td></td><td></td><td></td><td></td><td></td><td></td><td></td><td></td><td></td><td></td><td></td></tr>
<tr><td></td><td></td><td></td><td></td><td></td><td></td><td></td><td></td><td></td><td></td><td></td><td></td></tr>
<tr><td></td><td></td><td></td><td></td><td></td><td></td><td></td><td></td><td></td><td></td><td></td><td></td></tr>
<tr><td></td><td></td><td></td><td></td><td></td><td></td><td></td><td></td><td></td><td></td><td></td><td></td></tr>
<tr><td colspan="4">合计</td><td></td><td></td><td></td><td></td><td></td><td></td><td></td><td></td></tr>
<tr><td colspan="12">人民币（大写）　　　　现金付讫</td></tr>
</table>

第二联　报销凭证

中南文化用品商场
发票专用章

收款员：　　　　经手人：

经济业务（30）-2

<table>
<tr><td>中国工商银行转账支票存根
支票号码：
附加信息

出票日期： 年 月 日
收款人：
金额：
用途：
单位主管： 会计：</td><td>本支票付款期限十天</td><td>中国工商银行 转账支票（鄂） BH/02 XXXXXXX
出票日期（大写） 年 月 日 付款行名称：
收款人： 出票人账号：
人民币（大写） 亿 千 百 十 万 千 百 十 元 角 分
用途
上列款项请从
我账户内支付
出票人签章 复核 记账</td></tr>
</table>

经济业务（31）

托收凭证（受理回单） 1

委托日期 年 月 日

<table>
<tr><td colspan="2">业务类型</td><td colspan="4">委托收款（邮划□、电划□ ）</td><td colspan="6">托收承付（邮划□、电划□ ）</td><td rowspan="9">此联作收款人开户银行给收款人的受理回单</td></tr>
<tr><td rowspan="3">付款人</td><td>全称</td><td colspan="4"></td><td rowspan="3">收款人</td><td>全称</td><td colspan="4"></td></tr>
<tr><td>账号</td><td colspan="4"></td><td>账号</td><td colspan="4"></td></tr>
<tr><td>地址</td><td>省 市/县</td><td>开户行</td><td colspan="2"></td><td>地址</td><td>省 市/县</td><td>开户行</td><td colspan="2"></td></tr>
<tr><td>金额</td><td colspan="8">人民币（大写）</td><td colspan="3">亿 千 百 十 万 千 百 十 元 角 分</td></tr>
<tr><td colspan="2">款项内容</td><td></td><td>托收凭据名称</td><td colspan="2"></td><td colspan="2">附记单证张数</td><td colspan="4"></td></tr>
<tr><td colspan="2">商品发运情况</td><td colspan="4"></td><td colspan="3">合同名称号码</td><td colspan="3"></td></tr>
<tr><td colspan="3">备注：

复核： 记账：</td><td colspan="3">款项收妥日期

年 月 日</td><td colspan="6">收款人开户银行签章

年 月 日</td></tr>
</table>

经济业务（32）

武汉市统一收款收据

税务局批准文号×

年　　月　　日　　No.×××××××

今收到

人民币
（大写）　　¥

系付

单位盖章

收款人：　　交款人：

第二联　发票联

经济业务（33）

收　料　单

供应单位：　　收料单编号：

发票号码：　　年　　月　　日　　收料仓库：

编号	名称	规格	单位	数量		实际成本				计划成本		差异
				应收	实收	单价	金额	运费	合计	单价	金额	

第二联　会计记账联

采购员：　　检验员：　　记账员：　　保管员：

经济业务（34）-1

江苏增值税专用发票

No00000000

校验码：　　　　　　　　　　　　　　　　开票日期：　　年　　月　　日

购货单位	名称： 纳税人识别号： 地 址、电 话： 开户行及账号：			密码区			
货物或应税劳务名称	规格型号	单位	数量	单价	金额	税率	税额
合　计							
价税合计（大写）				（小写）¥			
销货单位	名称： 纳税人识别号： 地 址、电 话： 开户行及账号：			备注			

收款人：　　　　复核：　　　　开票人：　　　　销售单位：（章）

第三联：发票联　购货方记账凭证

经济业务（34）-2

收　料　单

供应单位：　　　　　　　　　　　　　　　　收料单编号：
发票号码：　　　　　年　　月　　日　　　　收料仓库：

编号	名称	规格	单位	数量		实际成本				计划成本		差异
				应收	实收	单价	金额	运费	合计	单价	金额	

采购员：　　　　检验员：　　　　记账员：　　　　保管员：

第二联　会计记账联

经济业务（35）-1

No00000000

校验码：

开票日期：　　年　　月　　日

购货单位	名　　称： 纳税人识别号： 地 址、电 话： 开户行及账号：			密码区			
货物或应税劳务名称	规格型号	单位	数量	单价	金额	税率	税额
合　计							
价税合计（大写）				（小写）¥			
销货单位	名　　称： 纳税人识别号： 地 址、电 话： 开户行及账号：			备注			

第一联：记账联　销货方记账凭证

收款人：　　复核：　　开票人：　　销售单位：（章）

经济业务（35）-2

中国工商银行进账单（回单）3

年　　月　　日

付款人	全　　称		收款人	全　　称	
	账　　号			账　　号	
	开户银行			开户银行	
金额	人民币（大写）			亿 千 百 十 万 千 百 十 元 角 分	
票据种类		票据张数			
票据号码					
复核：　　记账：				收款人开户行盖章	

此联是收款人开户银行交给收款人的收账通知

经济业务（35）-3

产品出库单

No.

购货单位：　　　　　　　　　　　　年　　月　　日

编号	名称及规格	计量单位	数量	单价	金　额	备注
合　计						

记账联

主管：　　　　会计：　　　　保管员：　　　　经手人：

经济业务（36）

湖北省商品零售发票

发票联

户名：　　　　　　　　　　年　　月　　日　　　　　　No.

品名	数量	单位	单价	金额							备注
				万	千	百	十	元	角	分	
合 计											
人民币（大写）　　现金付讫											

第二联　报销凭证

收款员：　　　　经手人：

经济业务（37）

中国工商银行现金支票存根	中国工商银行 现金支票（鄂） $\frac{BH}{02}$ ×××××××
支票号码：	
附加信息	出票日期（大写） 年 月 日 付款行名称：
	收款人： 出票人账号：
	本支票付款期限十天
	人民币（大写） 亿 千 百 十 万 千 百 十 元 角 分
出票日期： 年 月 日	用途
收款人：	
金额：	上列款项请从我账户内支付
用途：	
单位主管： 会计：	出票人签章 复核 记账

经济业务（38）-1

工商企业借款借据（还款通知）

借款企业名称： 年 月 日

贷款种类		贷款账号		存款账号										
借款金额	人民币（大写）			千	百	十	万	千	百	十	元	角	分	
借款用途：														
约定还款期限：				于 年 月 日到期										
上列借款已从你单位账户划出 此致 单位				单位分录 （借） 主管 会计 复核 记账 年 月 日										

经济业务（38）-2

中国工商银行转账支票存根	中国工商银行 转账支票（鄂） $\frac{BH}{02}$ XXXXXXX
支票号码： 附加信息 出票日期：　年　月　日 收款人： 金额： 用途： 单位主管：　会计：	本支票付款期限十天 出票日期（大写）　年　月　日　付款行名称： 收款人：　出票人账号： 人民币（大写）　亿 千 百 十 万 千 百 十 元 角 分 用途 上列款项请从 我账户内支付 出票人签章　复核　记账

经济业务（39）

领　料　单

字第　号

领料部门：　　　　年　月　日

材料			单位	数量		成本	
编号	名称	备注		请领	实发	单价	总价

第三联　记账联

主管：　会计：　记账：　保管：　发料：　领料：

经济业务（40）

职工生活困难补助领款表

申请人姓名		工资收入		其他收入		补助原因			
住址						工会小组意见		签名	
供养直系亲属姓名	称呼	简明情况				工会分组意见		签名	
						厂工会审批		签名	
						审批日期		领款签名	

会计：　　　　　　　　　　　　　　　出纳：

经济业务（41）-1

湖北增值税专用发票

№00000000

校验码：　　　　　　　　　　　　　　　　　　　　　开票日期：　　年　　月　　日

购货单位	名　称： 纳税人识别号： 地 址、电 话： 开户行及账号：				密码区		
货物或应税劳务名称	规格型号	单位	数量	单价	金额	税率	税额
合计							
价税合计（大写）	（小写）¥						
销货单位	名　称： 纳税人识别号： 地 址、电 话： 开户行及账号：				备注		

第一联：记账联　销货方记账凭证

收款人：　　　　　复核：　　　　　开票人：　　　　　销售单位：（章）

经济业务（41）-2

中国工商银行进账单（回单）3

年　　月　　日

<table>
<tr><td rowspan="3">付款人</td><td>全　称</td><td colspan="2"></td><td rowspan="3">收款人</td><td>全　称</td><td colspan="11"></td></tr>
<tr><td>账　号</td><td colspan="2"></td><td>账　号</td><td colspan="11"></td></tr>
<tr><td>开户银行</td><td colspan="2"></td><td>开户银行</td><td colspan="11"></td></tr>
<tr><td rowspan="2">金额</td><td rowspan="2">人民币（大写）</td><td colspan="4" rowspan="2"></td><td>亿</td><td>千</td><td>百</td><td>十</td><td>万</td><td>千</td><td>百</td><td>十</td><td>元</td><td>角</td><td>分</td></tr>
<tr><td></td><td></td><td></td><td></td><td></td><td></td><td></td><td></td><td></td><td></td><td></td></tr>
<tr><td colspan="2">票据种类</td><td></td><td>票据张数</td><td colspan="3"></td><td colspan="10" rowspan="3">收款人开户行盖章</td></tr>
<tr><td colspan="2">票据号码</td><td colspan="5"></td></tr>
<tr><td colspan="7">复核：　　　　记账：</td></tr>
</table>

此联是收款人开户银行交给收款人的收账通知

经济业务（41）-3

产品出库单

No.

购货单位：　　　　　　　　年　　月　　日

编号	名称及规格	计量单位	数量	单价	金　额	备注
合　计						

记账联

主管：　　　　会计：　　　　保管员：　　　　经手人：

经济业务（42）

领 料 单

字第 号

领料部门： 年 月 日

材料			单位	数量		成本	
编号	名称	备注		请领	实发	单价	总价

第三联 记账联

主管： 会计： 记账： 保管： 发料： 领料：

经济业务（43）

中国工商银行进账单（回单）3

年 月 日

付款人	全 称		收款人	全 称	
	账 号			账 号	
	开户银行			开户银行	

金额	人民币（大写）		亿	千	百	十	万	千	百	十	元	角	分

票据种类		票据张数		
票据号码				
复核：	记账：			收款人开户行盖章

此联是收款人开户银行交给收款人的收账通知

经济业务（44）-1

No00000000

校验码：　　　　　　　　　　　　　　　　　　开票日期：　年　月　日

<table>
<tr><td>购货单位</td><td colspan="4">名　称：
纳税人识别号：
地 址、电 话：
开户行及账号：</td><td>密码区</td><td colspan="3"></td></tr>
<tr><td colspan="2">货物或应税劳务名称</td><td>规格型号</td><td>单位</td><td>数量</td><td>单价</td><td>金额</td><td>税率</td><td>税额</td></tr>
<tr><td colspan="2">合计</td><td></td><td></td><td></td><td></td><td></td><td></td><td></td></tr>
<tr><td colspan="2">价税合计（大写）</td><td colspan="7">（小写）¥</td></tr>
<tr><td>销货单位</td><td colspan="4">名　称：
纳税人识别号：
地 址、电 话：
开户行及账号：</td><td>备注</td><td colspan="3"></td></tr>
</table>

第三联：发票联　购货方记账凭证

收款人：　　　　复核：　　　　开票人：　　　　销售单位：（章）

经济业务（44）-2

<table>
<tr><td>中国工商银行转账支票存根
支票号码：
附加信息

出票日期：　年　月　日
收款人：
金额：
用途：
单位主管：　会计：</td><td>本支票付款期限十天</td><td>中国工商银行 转账支票（鄂）BH/02 XXXXXXX
出票日期（大写）　年　月　日　付款行名称：
收款人：　出票人账号：
人民币（大写）　亿 千 百 十 万 千 百 十 元 角 分
用途
上列款项请从
我账户内支付
出票人签章　　复核　　记账</td></tr>
</table>

经济业务（44）-3

收 料 单

供应单位：　　　　　　　　　　　　　　　　　　　　　　　　收料单编号：
发票号码：　　　　　　　　年　　月　　日　　　　　　　　　收料仓库：

<table>
<tr><td rowspan="2">编号</td><td rowspan="2">名称</td><td rowspan="2">规格</td><td rowspan="2">单位</td><td colspan="2">数量</td><td colspan="4">实际成本</td><td colspan="2">计划成本</td><td rowspan="2">差异</td></tr>
<tr><td>应收</td><td>实收</td><td>单价</td><td>金额</td><td>运费</td><td>合计</td><td>单价</td><td>金额</td></tr>
<tr><td></td><td></td><td></td><td></td><td></td><td></td><td></td><td></td><td></td><td></td><td></td><td></td><td></td></tr>
<tr><td></td><td></td><td></td><td></td><td></td><td></td><td></td><td></td><td></td><td></td><td></td><td></td><td></td></tr>
<tr><td></td><td></td><td></td><td></td><td></td><td></td><td></td><td></td><td></td><td></td><td></td><td></td><td></td></tr>
<tr><td></td><td></td><td></td><td></td><td></td><td></td><td></td><td></td><td></td><td></td><td></td><td></td><td></td></tr>
<tr><td></td><td></td><td></td><td></td><td></td><td></td><td></td><td></td><td></td><td></td><td></td><td></td><td></td></tr>
</table>

第二联 会计记账联

采购员：　　　　　　检验员：　　　　　　记账员：　　　　　　保管员：

经济业务（45）

<table>
<tr><td>中国工商银行转账支票存根
支票号码：
附加信息

出票日期：　年　月　日
收款人：
金额：
用途：
单位主管：　　会计：</td><td>本支票付款期限十天</td><td>中国工商银行 转账支票（鄂） BH/02 XXXXXXX
出票日期（大写）　　年　　月　　日　　付款行名称：
收款人：　　　　　　　　　　　　　　　出票人账号：
人民币（大写）　　亿 千 百 十 万 千 百 十 元 角 分
用途
上列款项请从
我账户内支付
出票人签章　　　　　　　　　复核　　　　记账</td></tr>
</table>

经济业务（46）-1

湖北增值税专用发票

（印章：湖北 国家税务总局监制；记账联）

No00000000

校验码：　　　　　　　　　　　　　　　　　　开票日期：　年　月　日

购货单位	名　　称： 纳税人识别号： 地 址、电 话： 开户行及账号：				密码区		
货物或应税劳务名称	规格型号	单位	数量	单价	金额	税率	税额
合计							
价税合计（大写）			（小写）¥				
销货单位	名　　称： 纳税人识别号： 地 址、电 话： 开户行及账号：				备注		

第一联：记账联　销货方记账凭证

收款人：　　　复核：　　　开票人：　　　销售单位：（章）

经济业务（46）-2

银行承兑汇票（卡片）　1

签发日期（大写）　年　月　日　　　　汇票号码

出票人全称		收款人	全　称	
出票人账号			账　号	
付款行全称			开户行	
出票金额	人民币（大写）			亿 千 百 十 万 千 百 十 元 角 分
汇票到期日（大写）		付款行	行　号	
承兑协议编号			地　址	
本汇票请你行承兑，此项汇票款我单位按承兑协议于到期日前足额交于你行，到期请予以支付。 出票人签章 年　月　日	备注：			复核　　记账

此联承兑行留存备查到期支付票款时作借方凭证附件

经济业务（46）-3

产品出库单

No.

购货单位：　　　　　　　　　　　　年　　月　　日

编号	名称及规格	计量单位	数量	单价	金　额	备注
合　计						

记账联

主管：　　　　会计：　　　　保管员：　　　　经手人：

经济业务（48）

武汉市统一收款收据

税务局批准文号×

年　　月　　日　　　　No.×××××××

今收到

人民币（大写）　　　　¥

系付

单位盖章

收款人：　　　　交款人：

第三联　记账联

经济业务（49）

材料盘盈盘亏报告表

年　　月　　日　　　　单位：元

名称及规格	单位	单价	账存		实存		盘盈		盘亏		差异	原因
			数量	金额	数量	金额	数量	金额	数量	金额		
合计												

主管：　　　　复核：　　　　制表：

经济业务（50）

领　料　单

字第　号

领料部门：　　　　年　　月　　日

材料			单位	数量		成本	
编号	名称	备注		请领	实发	单价	总价

第三联　记账联

主管：　　会计：　　记账：　　保管：　　发料：　　领料：

经济业务（51）

领　料　单

字第　号

领料部门：　　　　　　　　　　年　　月　　日

材料			单位	数量		成本	
编号	名称	备注		请领	实发	单价	总价

第三联　记账联

主管：　　会计：　　记账：　　保管：　　发料：　　领料：

经济业务（52）

领　料　单

领料部门：　　　　　　　　　　年　　月　　日

材料			单位	数量		成本	
编号	名称	备注		请领	实发	单价	总价

第三联　记账联

主管：　　会计：　　记账：　　保管：　　发料：　　领料：

经济业务（53）

领 料 单

领料部门： 年 月 日

材料			单位	数量		成本	
编号	名称	备注		请领	实发	单价	总价

第三联 记账联

主管： 会计： 记账： 保管： 发料： 领料：

经济业务（54）-1

______银行**本票申请书**（存根） 1

第 号

申请日期 年 月 日

申请人		收款人											
账 号 或住址		账 号 或住址											
用途		代 理 付款行											
汇票金额	人民币 （大写）		千	百	十	万	千	百	十	元	角	分

此联是出票人给汇款人的回单

上列款项请从我账户内列支

申请人盖章

科 目（借）

对方科目（贷）

财务主管 复核 经办

经济业务（54）-2

______银行

付款期限 壹 个 月	出票日期 （大写）	**本 票**（卡片）1 年 月 日	地名	汇票号码

收款人：		申请人：	
凭票即付	人民币 （大写）		
转账	现金		
备注：			出纳　复核　经办

此联出票行留存，结算本票时作借方凭证附件

经济业务（55）-1

No00000000

校验码：　　　开票日期：　年　月　日

购货单位	名　　称： 纳税人识别号： 地 址、电 话： 开户行及账号：				密码区			
货物或应税劳务名称	规格型号	单位	数量	单价	金额	税率	税额	
合　计								
价税合计（大写）				（小写）¥				
销货单位	名　　称： 纳税人识别号： 地 址、电 话： 开户行及账号：				备注			

第一联：记账联　销货方记账凭证

收款人：　　　复核：　　　开票人：　　　销售单位：（章）

经济业务（55）-2

产品出库单

No.

购货单位：　　　　年　　月　　日

编号	名称及规格	计量单位	数量	单价	金　额	备注
合　计						

记账联

主管：　　会计：　　保管员：　　经手人：

经济业务（56）

中国工商银行现金支票存根

支票号码：

附加信息

出票日期：　年　月　日

收款人：

金额：

用途：

单位主管：　会计：

中国工商银行 现金支票（鄂） $\frac{BH}{02}$ ×××××××

本支票付款期限十天

出票日期（大写）　年　月　日　付款行名称：

收款人：　出票人账号：

人民币（大写）		亿	千	百	十	万	千	百	十	元	角	分

用途

上列款项请从
我账户内支付

出票人签章　　复核　　记账

经济业务（57）-1

湖北省服务业统一发票

（印章：全国统一发票监制 湖北 国家税务局监制）

户名：　　　　年　月　日　　　　No.

品名	数量	单位	单价	金额							备注
				万	千	百	十	元	角	分	
合计											
人民币（大写）				现金付讫							

（印章：干部管理学院 财务专用章）

收款员：　　　　经手人：

经济业务（57）-2

中国工商银行转账支票存根	中国工商银行　转账支票（鄂）$\frac{BH}{02}$ XXXXXXX
支票号码： 附加信息 出票日期：　年　月　日 收款人： 金额： 用途： 单位主管：　会计：	出票日期（大写）　年　月　日　付款行名称： 收款人：　出票人账号： 本支票付款期限十天 人民币（大写）　亿 千 百 十 万 千 百 十 元 角 分 用途 上列款项请从我账户内支付 出票人签章　复核　记账

经济业务（58）-1

武 汉 市 税 务 局　　No.
印花税票报销专用凭证

购买单位：　　　　　　　　　　地址：　　　　　　年　　月　　日

印花税票面值	单 位	数　量	税额								备注
			十	万	千	百	十	元	角	分	
壹　　角	枚										
伍　　角	枚										
壹　　元	枚										
伍　　元	枚										
壹　拾　元	枚										
贰　拾　元	枚										
伍　拾　元	枚										
壹　佰　元	枚										
合计人民币（大写）											

第一联　收据联

经办单位：　　　　　　　　　　经办人：

经济业务（58）-2

中国工商银行转账支票存根

支票号码：

附加信息

出票日期：　年　月　日

收款人：

金额：

用途：

单位主管：　　会计：

中国工商银行　转账支票（鄂）　BH/02　XXXXXXX

本支票付款期限十天

出票日期（大写）　　年　　月　　日　　付款行名称：

收款人：　　　　　　　　　　出票人账号：

人民币（大写）	亿	千	百	十	万	千	百	十	元	角	分

用途

上列款项请从
我账户内支付

出票人签章　　　　　　　　复核　　　　记账

经济业务（59）-1

差旅费报销单

姓名：　　　　　　　　　　　　时间：　年　月　日　　　　　　　　单位：元

<table>
<tr><td colspan="2">起日</td><td colspan="2">止日</td><td rowspan="3">合计天数</td><td colspan="10">各项补助费</td><td colspan="7">车船杂支费</td><td rowspan="3">合计金额</td></tr>
<tr><td rowspan="2">月</td><td rowspan="2">日</td><td rowspan="2">月</td><td rowspan="2">日</td><td colspan="3">伙食补助</td><td colspan="3">住宿补助</td><td colspan="3">未买卧铺补助</td><td rowspan="2">夜间乘硬座超过12小时补助</td><td rowspan="2">火车费</td><td rowspan="2">汽车费</td><td rowspan="2">轮船费</td><td rowspan="2">飞机费</td><td rowspan="2">市内交通</td><td rowspan="2">住宿费</td><td rowspan="2">其他杂支</td></tr>
<tr><td>天数</td><td>标准</td><td>金额</td><td>天数</td><td>标准</td><td>金额</td><td>票价</td><td>标准</td><td>金额</td></tr>
<tr><td></td><td></td><td></td><td></td><td></td><td></td><td></td><td></td><td></td><td></td><td></td><td></td><td></td><td></td><td></td><td></td><td></td><td></td><td></td><td></td><td></td><td></td><td></td></tr>
<tr><td></td><td></td><td></td><td></td><td></td><td></td><td></td><td></td><td></td><td></td><td></td><td></td><td></td><td></td><td></td><td></td><td></td><td></td><td></td><td></td><td></td><td></td><td></td></tr>
<tr><td></td><td></td><td></td><td></td><td></td><td></td><td></td><td></td><td></td><td></td><td></td><td></td><td></td><td></td><td></td><td></td><td></td><td></td><td></td><td></td><td></td><td></td><td></td></tr>
<tr><td></td><td></td><td></td><td></td><td></td><td></td><td></td><td></td><td></td><td></td><td></td><td></td><td></td><td></td><td></td><td></td><td></td><td></td><td></td><td></td><td></td><td></td><td></td></tr>
<tr><td colspan="23">合计人民币大写　　万　　仟　　佰　　拾　　元　　角　　分</td></tr>
<tr><td colspan="3"></td><td colspan="20">原借差旅费________元　　报销________元　　剩余交回________元</td></tr>
<tr><td colspan="3">出差事由</td><td colspan="20"></td></tr>
</table>

附件　张

领导签字：　　　　　　　　会计主管签字：　　　　　　　　领款人签字：

经济业务（59）-2

武汉市统一收款收据

税务局批准文号×

年　月　日　　　　　　　　No.×××××××××

今收到 ______________________________

人民币（大写）______________________　¥__________

系付 ______________________________

单位盖章

收款人：__________　　　　交款人：__________

第三联　记账联

经济业务（61）-1

托收凭证（付款通知）　　5

委托日期　　年　　月　　日

付款日期　　年　月　日

<table>
<tr><td colspan="2">业务类型</td><td colspan="4">委托收款（邮划□　电划□）</td><td colspan="6">托收承付（邮划□　电划□）</td></tr>
<tr><td rowspan="3">付款人</td><td>全 称</td><td colspan="4"></td><td rowspan="3">收款人</td><td>全 称</td><td colspan="4"></td></tr>
<tr><td>账 号</td><td colspan="4"></td><td>账 号</td><td colspan="4"></td></tr>
<tr><td>地 址</td><td>省　市
县</td><td>开户行</td><td colspan="2"></td><td>地 址</td><td>省　市
县</td><td>开户行</td><td colspan="2"></td></tr>
<tr><td>金额</td><td colspan="8">人民币
（大写）</td><td colspan="3">亿 千 百 十 万 千 百 十 元 角 分</td></tr>
<tr><td colspan="2">款项内容</td><td></td><td>托收凭据名称</td><td colspan="2"></td><td colspan="2">附记单证张数</td><td colspan="4"></td></tr>
<tr><td colspan="2">商品发运情况</td><td colspan="4"></td><td colspan="3">合同名称号码</td><td colspan="3"></td></tr>
<tr><td colspan="3">备注：
付款人开户银行收到日期
年　月　日
复核：　记账：</td><td colspan="3">付款人开户银行签章</td><td colspan="6">付款人注意：
1. 根据支付结算办法，上列委托收款（托收承付）款项在付款期限内未提出拒付，即视为同意付款。以此代付款通知。
2. 如需提出全部或部分拒付，应在规定期限内，将拒付理由书并债务证明退交开户银行。</td></tr>
</table>

此联付款人开户银行给付款人按期付款通知书

经济业务（61）-2

武汉市统一收款收据

税务局批准文号×

年　　月　　日　　No.×××××××××

<table>
<tr><td>今收到</td><td colspan="2"></td></tr>
<tr><td>人民币
（大写）</td><td></td><td>¥</td></tr>
<tr><td>系付</td><td colspan="2"></td></tr>
<tr><td>单位盖章</td><td colspan="2"></td></tr>
<tr><td>收款人：</td><td colspan="2">交款人：</td></tr>
</table>

第二联　发票联

经济业务（64）-1

湖北增值税专用发票

湖北 国家税务总局监制 发票联

No00000000

校验码：　　　　开票日期：　年　月　日

购货单位	名　　称： 纳税人识别号： 地 址、电 话： 开户行及账号：				密码区			
货物或应税劳务名称		规格型号	单位	数量	单价	金额	税率	税额
合计								
价税合计（大写）		（小写）¥						
销货单位	名　　称： 纳税人识别号： 地 址、电 话： 开户行及账号：				备注			

收款人：　　复核：　　开票人：　　销售单位：（章）

第三联：发票联　购货方记账凭证

经济业务（64）-2

托收凭证（付款通知）　5

委托日期　　年　　月　　日

付款日期　　年　月　日

业务类型	委托收款（邮划□　电划□）				托收承付（邮划□　电划□）				
付款人	全 称				收款人	全 称			
	账 号					账 号			
	地 址	省　市/县	开户行			地 址	省　市/县	开户行	
金额	人民币（大写）					亿 千 百 十 万 千 百 十 元 角 分			
款项内容		托收凭据名称			附记单证张数				
商品发运情况					合同名称号码				
备注： 付款人开户银行收到日期 年　月　日 复核：　记账：		付款人开户银行签章			付款人注意： 1. 根据支付结算办法，上列委托收款（托收承付）款项在付款期限内未提出拒付，即视为同意付款。以此代付款通知。 2. 如需提出全部或部分拒付，应在规定期限内，将拒付理由书并债务证明退交开户银行。				

此联付款人开户银行给付款人按期付款通知书

经济业务（64）-3

水费分配表

年　　月　　日　　　　　　　　　　　　单位：元

分配部门	分配比例	分配金额
一车间		
二车间		
装配车间		
机修车间		
行政部门		
合计		

经济业务（65）-1

湖北增值税专用发票

发票联

No00000000

校验码：　　　　　　　　　　　　开票日期：　　年　　月　　日

<table>
<tr><td rowspan="4">购货单位</td><td colspan="4">名　　　称：</td><td rowspan="4">密码区</td><td colspan="4" rowspan="4"></td></tr>
<tr><td colspan="4">纳税人识别号：</td></tr>
<tr><td colspan="4">地 址、电 话：</td></tr>
<tr><td colspan="4">开户行及账号：</td></tr>
<tr><td colspan="2">货物或应税劳务名称</td><td>规格型号</td><td>单位</td><td>数量</td><td colspan="2">单价</td><td>金额</td><td>税率</td><td>税额</td></tr>
<tr><td colspan="2">

合计</td><td></td><td></td><td></td><td colspan="2"></td><td></td><td></td><td></td></tr>
<tr><td colspan="2">价税合计（大写）</td><td colspan="8">（小写）¥</td></tr>
<tr><td rowspan="4">销货单位</td><td colspan="4">名　　　称：</td><td rowspan="4">备注</td><td colspan="4" rowspan="4"></td></tr>
<tr><td colspan="4">纳税人识别号：</td></tr>
<tr><td colspan="4">地 址、电 话：</td></tr>
<tr><td colspan="4">开户行及账号：</td></tr>
</table>

第三联：发票联　购货方记账凭证

收款人：　　　　复核：　　　　开票人：　　　　销售单位：（章）

经济业务（65）-2

托收凭证（付款通知） 5

委托日期 年 月 日

付款日期 年 月 日

<table>
<tr><td colspan="2">业务类型</td><td colspan="3">委托收款（邮划□ 电划□ ）</td><td colspan="5">托收承付（邮划□ 电划□ ）</td></tr>
<tr><td rowspan="3">付款人</td><td>全 称</td><td colspan="3"></td><td rowspan="3">收款人</td><td>全 称</td><td colspan="3"></td></tr>
<tr><td>账 号</td><td colspan="3"></td><td>账 号</td><td colspan="3"></td></tr>
<tr><td>地 址</td><td>省 市
县</td><td>开户行</td><td></td><td>地 址</td><td>省 市
县</td><td>开户行</td><td></td></tr>
<tr><td>金额</td><td colspan="8">人民币
（大写）</td><td>亿 千 百 十 万 千 百 十 元 角 分</td></tr>
<tr><td colspan="2">款项内容</td><td></td><td>托收凭据名称</td><td></td><td colspan="2">附记单证张数</td><td colspan="3"></td></tr>
<tr><td colspan="2">商品发运情况</td><td colspan="3"></td><td colspan="3">合同名称号码</td><td colspan="2"></td></tr>
<tr><td colspan="3">备注：
付款人开户银行收到日期
年 月 日
复核： 记账：</td><td colspan="2">付款人开户银行签章</td><td colspan="5">付款人注意：
1. 根据支付结算办法，上列委托收款（托收承付）款项在付款期限内未提出拒付，即视为同意付款。以此代付款通知。
2. 如需提出全部或部分拒付，应在规定期限内，将拒付理由书并债务证明退交开户银行。</td></tr>
</table>

此联付款人开户银行给付款人按期付款通知书

经济业务（65）-3

电费分配表

年 月 日 单位：元

分配部门	分配比例	分配金额
一车间		
二车间		
装配车间		
机修车间		
行政部门		
合计		

经济业务（67）

房屋、设备折旧及摊销计算汇总表

年　　月

用途	固定资产类别	使用车间、部门或单位	上月计提		上月增加原值	本月增加折旧（摊销）额	上月减少原值	本月减少折旧（摊销）额	本月计提	
			原值	折旧（摊销）额					原值	折旧（摊销）额
自用	房屋及建筑物	一车间								
		二车间								
		装配车间								
		机修车间								
		行政部门								
		小计								
	生产设备	一车间								
		二车间								
		装配车间								
		机修车间								
		小计								
	管理设备	行政部门								
	运输工具	行政部门								
	合计									

经济业务（69）-1

工资结算汇总表

20××年12月

部门		应付工资	代扣款项						实发工资
			养老保险金	医疗保险金	失业保险金	住房公积金	个人所得税	合计	
一车间	生产工人	59 500	5 525	1 105	552.5	5 525	255	12 962.5	46 537.5
	管理人员	9 000	975	195	97.5	975	0	2 242.5	6 757.5
	小计	68 500	6 500	1 300	650	6 500	255	15 205	53 295
二车间	生产工人	73 500	6 240	1 248	624	6 240	315	14 667	58 833
	管理人员	12 000	1 560	312	156	1 560	0	3 588	8 412
	小计	85 500	7 800	1 560	780	7 800	315	18 255	67 245
装配车间	生产工人	12 800	1 248	249.6	124.8	1 248	24	2 894.4	9 905.6
	管理人员	3 500	312	62.4	31.2	312	15	732.6	2 767.4
	小计	16 300	1 560	312	156	1 560	39	3 627	12 673
机修车间		9 000	1 040	208	104	1 040	0	2 392	6 608
行政部门		95 000	9 100	1 820	910	9 100	855	21 785	73 215
合计		274 300	26 000	5 200	2 600	26 000	1 464	61 264	213 036

会计：　　　　　　　　　　　　　　　　　　　　制表：

会计主管（签章）

工资结算汇总表

经济业务（69）-2

社会保险费、公积金及有关经费计算表

20×× 年 12 月

部门		各项保险费、公积金计提数							各项经费计提数			合计
		养老保险金	医疗保险金	失业保险金	住房公积金	工伤保险金	生育保险金	合计	工会经费	教育经费	合计	
一车间	生产工人	11 050	6 630	1 105	5 525	276.25	276.25	24 862.5	1 190	1 487.5	2 677.5	27 540
	管理人员	1 950	1 170	195	975	48.75	48.75	4 387.5	180	225	405	4 792.5
	小计	13 000	7 800	1 300	6 500	325	325	29 250	1 370	1 712.5	3 082.5	32 332.5
二车间	生产工人	12 480	7 488	1 248	6 240	312	312	28 080	1 470	1 837.5	3 307.5	31 387.5
	管理人员	3 120	1 872	312	1 560	78	78	7 020	240	300	540	7 560
	小计	15 600	9 360	1 560	7 800	390	390	35 100	1 710	2 137.5	3 847.5	38 947.5
装配车间	生产工人	2 496	1 497.6	249.6	1 248	62.4	62.4	5 616	256	320	576	6 192
	管理人员	624	374.4	62.4	312	15.6	15.6	1 404	70	87.5	157.5	1 561.5
	小计	3 120	1 872	312	1 560	78	78	7 020	326	407.5	733.5	7 753.5
机修车间		2 080	1 248	208	1 040	52	52	4 680	180	225	405	5 085
行政部门		18 200	10 920	1 820	9 100	455	455	40 950	1 900	2 375	4 275	45 225
合计		52 000	31 200	5 200	26 000	1 300	1 300	117 000	5 486	6 857.5	12 343.5	129 343.5

会计： 制表：

经济业务（69）-3

应付职工薪酬汇总分配计算表

20××年12月

<table>
<tr><th colspan="3" rowspan="2">应借账户</th><th rowspan="2">生产工时</th><th colspan="3">应付职工薪酬汇总</th><th colspan="2">应付职工薪酬分配</th></tr>
<tr><th>发放工资</th><th>企业承担的各项保险费、经费等</th><th>合计</th><th>分配率</th><th>分配额</th></tr>
<tr><td rowspan="4">一车间</td><td rowspan="3">生产成本</td><td>低速齿轮</td><td></td><td>×</td><td>×</td><td>×</td><td></td><td></td></tr>
<tr><td>中间齿轮</td><td></td><td>×</td><td>×</td><td>×</td><td></td><td></td></tr>
<tr><td>小计</td><td></td><td></td><td></td><td></td><td></td><td></td></tr>
<tr><td colspan="2">制造费用</td><td></td><td></td><td></td><td></td><td>×</td><td>×</td></tr>
<tr><td rowspan="4">二车间</td><td rowspan="3">生产成本</td><td>高速齿轮</td><td></td><td>×</td><td>×</td><td>×</td><td></td><td></td></tr>
<tr><td>中间齿轮轴</td><td></td><td>×</td><td>×</td><td>×</td><td></td><td></td></tr>
<tr><td>小计</td><td></td><td></td><td></td><td></td><td></td><td></td></tr>
<tr><td colspan="2">制造费用</td><td></td><td></td><td></td><td></td><td>×</td><td>×</td></tr>
<tr><td rowspan="6">装配车间</td><td rowspan="5">生产成本</td><td>低速齿轮</td><td></td><td>×</td><td>×</td><td>×</td><td></td><td></td></tr>
<tr><td>中间齿轮</td><td></td><td>×</td><td>×</td><td>×</td><td></td><td></td></tr>
<tr><td>高速齿轮</td><td></td><td>×</td><td>×</td><td>×</td><td></td><td></td></tr>
<tr><td>中间齿轮轴</td><td></td><td>×</td><td>×</td><td>×</td><td></td><td></td></tr>
<tr><td>小计</td><td></td><td></td><td></td><td></td><td></td><td></td></tr>
<tr><td colspan="2">制造费用</td><td></td><td></td><td></td><td></td><td>×</td><td>×</td></tr>
<tr><td>机修车间</td><td>生产成本</td><td>机修</td><td></td><td></td><td></td><td></td><td>×</td><td>×</td></tr>
<tr><td>行政部门</td><td colspan="2">管理费用</td><td></td><td></td><td></td><td></td><td>×</td><td>×</td></tr>
<tr><td colspan="3">合计</td><td></td><td></td><td></td><td></td><td>×</td><td>×</td></tr>
</table>

会计： 制表：

经济业务（73）-1

材料成本差异率计算表

年　　月　　日

材料名称	月初结存差异	本月收料差异	月初结存计划成本	本月收料计划成本	材料成本差异率
45# 铸钢件					
45# 圆钢					
机油					
柴油					

经济业务（73）-2

发出材料成本差异计算表

年　　月　　日　　　　　　　　　　　　单位：元

分摊去向 \ 材料差异		原材料		
		计划成本	差异率	差异额
一车间				
二车间				
装配车间				
机修车间				
行政部门				
合计				

主管：　　　　　　　　　　复核：　　　　　　　　　　制表：

经济业务（74）

辅助生产成本分配表

年　　月

受益部门	修理安装工时	分配率	应分配费用	备注
一车间				
二车间				
装配车间				
行政部门				
合计				

制表：

经济业务（75）-1

一车间制造费用分配表

年　　月　　日

产品名称	生产工时	分配率	应分配费用	备注
合计				

制表：

经济业务（75）-2

二车间制造费用分配表

年　　月　　日

产品名称	生产工时	分配率	应分配费用	备注
合计				

制表：

经济业务（75）-3

装配车间制造费用分配表

年 月 日

产品名称	生产工时	分配率	应分配费用	备注
合计				

制表：

经济业务（76）-1

产品成本计算表

年 月

产品：低速齿轮

完工数量：
在产品数量：

成本项目	直接材料	直接人工	制造费用	合计
月初在产品（定额成本）				
本期发生额				
生产费用合计				
月末在产品（定额成本）				
完工总成本				
单位成本				

制表：

经济业务（76）-2

产品成本计算表

年 月

产品：中间齿轮

完工数量：
在产品数量：

成本项目	直接材料	直接人工	制造费用	合计
月初在产品（定额成本）				
本期发生额				
生产费用合计				
月末在产品（定额成本）				
完工总成本				
单位成本				

制表：

经济业务（75）-5

基本生产车间制造费用分配表

年 月 日

产品名称	生产工时	分配率	分配制造费用	备注
合计				

制表：

经济业务（76）-1

产品成本计算表

年 月

完工数量：

产品：机械锯　　在产品数量：

成本项目	直接材料	直接人工	制造费用	合计
月初在产品（定额成本）				
本月发生额				
生产费用合计				
月末在产品（定额成本）				
完工总成本				
单位成本				

制表：

经济业务（76）-2

产品成本计算表

年 月

完工数量：

产品：手动锯　　在产品数量：

成本项目	直接材料	直接人工	制造费用	合计
月初在产品（定额成本）				
本月发生额				
生产费用合计				
月末在产品（定额成本）				
完工总成本				
单位成本				

制表：

经济业务（76）-3

产品成本计算表

年　　月

产品：高速齿轮

完工数量：
在产品数量：

成本项目	直接材料	直接人工	制造费用	合计
月初在产品（定额成本）				
本期发生额				
生产费用合计				
月末在产品（定额成本）				
完工总成本				
单位成本				

制表：

经济业务（76）-4

产品成本计算表

年　　月

产品：中间齿轮轴

完工数量：
在产品数量：

成本项目	直接材料	直接人工	制造费用	合计
月初在产品（定额成本）				
本期发生额				
生产费用合计				
月末在产品（定额成本）				
完工总成本				
单位成本				

制表：

经济业务（77）

主营业务成本计算表

年 月 单位：元

<table>
<tr><th rowspan="2">产品名称</th><th rowspan="2">单位</th><th colspan="2">月初结存</th><th colspan="2">本月入库</th><th colspan="3">本月销售</th><th rowspan="2">备注</th></tr>
<tr><th>数量</th><th>总成本</th><th>数量</th><th>总成本</th><th>数量</th><th>加权平均单位成本</th><th>总成本</th></tr>
<tr><td>低速齿轮</td><td></td><td></td><td></td><td></td><td></td><td></td><td></td><td></td><td></td></tr>
<tr><td>中间齿轮</td><td></td><td></td><td></td><td></td><td></td><td></td><td></td><td></td><td></td></tr>
<tr><td>高速齿轮</td><td></td><td></td><td></td><td></td><td></td><td></td><td></td><td></td><td></td></tr>
<tr><td>中间齿轮轴</td><td></td><td></td><td></td><td></td><td></td><td></td><td></td><td></td><td></td></tr>
<tr><td>合计</td><td></td><td></td><td></td><td></td><td></td><td></td><td></td><td></td><td></td></tr>
</table>

制表：

经济业务（78）

坏账准备计提表

年 月 日 单位：元

项目	坏账准备账户期初余额	本期增减数	按规定比例计提数	本期调整数
金额				

制表：

经济业务（80）

税金及附加计算表

年　　月　　日

项　　目		金 额
当期内销产品销售额（包括视同销售）	①	
内销产品销项税额	②=①×17%	
进项税额	③	
进项税额转出	④	
应纳增值税额	⑤=②−③+④	
应纳城市维护建设税额	⑥=⑤×7%	
应交教育费附加	⑦=⑤×3%	
当期营业税金及附加	⑧=⑥+⑦	

经济业务（82）

应交所得税计算表

年　　月　　日　　　　单位：元

项目	本月实现利润总额	调整项目金额	本月应纳税所得额	适用税率	应纳所得税额
期初					
本月					
合计					

制表：

四、利润表

利润表

会企 02 表

编制单位：　　　　　　　　　　20　　年　　月　　　　　　　　　　单位：元

项目	本期金额	上期金额
一、营业收入		
减：营业成本		
税金及附加		
销售费用		
管理费用		
研发费用		
财务费用		
其中：利息费用		
利息收入		
加：其他收益		
投资收益（损失以“-”号填列）		
其中：对联营企业和合营企业的投资收益		
以摊余成本计量的金融资产终止确认收益（损失以“-”号填列）		
净敞口套期收益（损失以“-”号填列）		
公允价值变动收益（损失以“-”号填列）		
信用减值损失（损失以“-”号填列）		
资产减值损失（损失以“-”号填列）		
资产处置收益（损失以“-”号填列）		
二、营业利润（亏损以“-”号填列）		
加：营业外收入		
减：营业外支出		
三、利润总额（亏损总额以“-”号填列）		
减：所得税费用		
四、净利润（净亏损以“-”号填列）		
（一）持续经营净利润（净亏损以“-”号填列）		
（二）终止经营净利润（净亏损以“-”号填列）		